DIE KUNST
DES
LOSLASSENS

DIE KUNST DES LOSLASSENS

Befreien Sie Ihren Geist und entwickeln Sie innere Stärke

BY

KURT GASSNER

My-mindguide.com

Die Kunst Des Loslassens
Kurt Gassner

Impressum
My-mindguide – The publishing trademarke of trendguide Capital GmbH, Klenzestr. 42a, 80469 Munich, Germany.

Reg. Nr. HRB Munich 206639, VAT 152 123 159, CEO: Kurt Friedrich Gassner
Web: www.my-mindguide.com, mail: gassner@my-mindguide.com

Paperback ISBN: 978-3-98793-018-8
Hardback ISBN: 978-3-98793-019-5

INHALTSVERZEICHNIS

Let it Go

EINFÜHRUNG

Die Menschen wissen, wie man um das kämpft, was für sie lebenswichtig ist. Sie kämpfen um den Erhalt von Beziehungen, Menschen, Arbeitsplätzen und verteidigen verbissen den Status quo. Es gibt jedoch ein Problem: Die Menschen und die Dinge um uns herum laufen nicht immer so, wie wir uns das vorstellen und wenn etwas schief geht, halten wir oft daran fest.

Das Loslassen gehört zu den schmerzhaftesten Dingen, die wir tun können. Es tut umso mehr weh, je länger wir daran festhalten. Sobald wir allerdings diese Sachen loslassen, bemächtigen wir uns umso mehr der Dinge, die für uns von Vorteil sind und überstehen Rückschläge besser. Ohne das loszulassen, was Sie aufhält, geht dies allerdings kaum: Solange Sie sich der Welt gegenüber nicht öffnen und zulassen, dass sie Ihnen alles zeigt, werden Sie nicht wissen, was Sie erwartet. Die Welt wird es Ihnen zeigen. Stellen Sie sich vor, Sie befinden sich auf einem sinkenden Schiff. Sie wissen, dass Sie etwas loslassen müssen, aber Sie sind nicht in der Lage, es zu tun. Dann werden auch Sie die Rettung im Endeffekt nicht schaffen. Wenn Sie ehrlich zu sich selbst sind, erkennen Sie, dass die Dinge, die Sie belasten, tote Gewichte sind, aber Sie können sich an eine Zeit erinnern, in der es schön war, sie um sich zu haben.

„So ein Glück hat es schon lange nicht mehr gegeben - die Art von Glück, bei der man sich zurücklehnen und entspannen konnte, weil man wusste, dass es reichlich davon gab." In der Zwischenzeit sinkt Ihr Boot weiter, und mit all dem Gewicht an Bord wird es nie näher an Land kommen.

Ich könnte Ihnen sagen, dass der Verlust und der Herzschmerz, die mit dem Loslassen einhergehen, Teil Ihrer "Reise" sind (was ich allerdings nicht tun werde, da ich in diesem Zusammenhang andere Worte bevorzuge). Ich bin zuversichtlich, dass die Lektionen, die Sie lernen werden, Sie auf den Weg zu dem Leben bringen werden, das Sie sich wünschen. Ich könnte Ihnen all das sagen, und es wäre wahr, aber da ich schon einmal in die Knie gezwungen wurde, weiß ich auch, dass nichts davon zählt, wenn Ihre Knöchel weiß sind vom Festhalten.

Etwas loszulassen ist eine Metapher dafür, dass man etwas mental loslässt und sich nicht mehr davon beeinflussen lässt. Viele Psychologen definieren Loslassen als das Schaffen des emotionalen Raums, der erforderlich ist, um sich von einem Ereignis oder einer Stimmung zu erholen. Die Fähigkeit, persönliche und intime familiäre Bindungen loszulassen, kann schwierig und sogar katastrophal sein. Deshalb sind wir in der Phase der Trauer emotional so ausgelaugt. Trauer wird aus verschiedenen psychischen Gründen als der erste Schritt des Loslassens beschrieben. Trauer bedeutet jedoch nicht, dass man etwas loslassen muss. Es kann sich auch um das Ende einer Beziehung oder den Verlust einer Karriere handeln. Andererseits sind Menschen bestrebt, ihre eigenen Emotionen loszulassen, insbesondere wenn sie negative Auswirkungen haben, wie z. B. Gefühle von Neid oder Ärger.

Eine meiner größten persönlichen Herausforderungen ist das Loslassen.

Das Konzept des "Loslassens" deutet darauf hin, dass man sich an etwas festgehalten hat. Es erfordert das Vorhandensein eines Gegenstandes; etwas muss losgelassen werden. Wir neigen dazu, uns an bestimmte Erwartungen, Ideen oder Ambitionen zu klammern, und dieses Festhalten bringt uns eine Reihe von Problemen.

Was für Probleme gibt es?
Nun, es gibt einige wichtige Möglichkeiten, wie sich unser Versagen, loszulassen, manifestieren kann:

1. Stress
Häufig geraten wir in Stress, weil wir uns wünschen, dass die Dinge auf eine bestimmte Weise ablaufen. Und wenn sich die Dinge nicht so entwickeln, wie wir es geplant haben, werden wir noch unruhiger.

Sie können sich wahrscheinlich vorstellen, dass ich gestresst bin, wenn ich als Brautführer zur Hochzeit meiner Schwester eingeladen bin und mein Flug Verspätung hat.

Aber was passiert, wenn der Flug gestrichen wird? Dann wird meine Angst am größten sein. Ich werde mich bemühen, ein Flugzeug oder ein anderes Transportmittel zu finden, das mich rechtzeitig an mein Ziel bringt.

Leider entwickeln sich die Dinge nicht immer so, wie man sie geplant hat. Und es besteht eine gute Chance, dass Sie nichts dagegen tun können.

Wenn dies jedoch der Fall ist, müssen Sie:

1) Lernen Sie zu erkennen, dass Sie die Situation nicht kontrollieren oder reparieren können.
2) Lassen Sie los, wie Sie die Dinge haben wollen.
3) Akzeptieren Sie die Wahrheit dessen, was ist, denn wenn Sie weiterhin gestresst sind und sich gegen einen Umstand wehren, der sich Ihrer Kontrolle entzieht, würde das Ihr Elend nur noch vergrößern.

2. emotionale Erschöpfung

Wir werden viel zu oft nervös, aufgeregt, wütend oder traurig aufgrund von Dingen, die (a) uns passiert sind, (b) uns passieren oder (c) uns passieren könnten. Wir können sie scheinbar nicht aus unserem Kopf bekommen.

Sie können sich zum Beispiel über etwas ärgern, was ein früherer Vermieter Ihnen angetan hat. Vielleicht ärgern Sie sich, wenn Sie auf dem Postamt in der Schlange stehen, weil jemand nicht aufpasst und alle anderen aufhält. Vielleicht machen Sie sich ständig Sorgen über den Ausgang eines wichtigen bevorstehenden Ereignisses oder einer Verpflichtung.

Wir neigen dazu, keinen Abschied zu nehmen und die Ereignisse, die uns widerfahren sind, zu wiederholen. Wenn wir mit unsinnigen Bedingungen konfrontiert werden, werden wir wütend, und wir machen uns immer Gedanken über die Zukunft und versuchen, verschiedene Situationen zu durchdenken, um uns besser vorzubereiten.

Aber die Wahrheit ist, dass wir nicht rückgängig machen können, was bereits geschehen ist und auch die Zukunft lässt sich nicht vorhersagen oder kontrollieren. Wir können lediglich gelegentlich beeinflussen oder verändern, was in der Gegenwart geschieht. Loslassen hilft uns, im Jetzt zu leben.

3. Irritation oder Frustration über andere Menschen
Wenn andere sich nicht so verhalten, wie wir es von ihnen erwarten, sind wir verärgert oder verwirrt.

Im Mittelpunkt dieser Reaktion steht die Kontrolle. Wir wollen, dass sich jemand auf eine bestimmte Art und Weise verhält, aber wir können ihn nicht dazu zwingen und unsere Ohnmacht und Irritation rühren von unserer mangelnden Kontrolle her.

Darüber hinaus schadet es in der Regel unserer Verbindung mit der anderen Person, wenn es dazu kommt. Unsere Verärgerung oder Frustration über sie bildet einen Riss im Fundament unserer Beziehung.

Was ist die Lösung? Genau, loslassen. Erlauben Sie anderen, sie selbst zu sein. Versuchen Sie nicht, ihnen Ihre Ansichten oder Vorlieben aufzuzwingen, während Sie ein gewisses Maß an Selbstachtung bewahren und keine Kompromisse eingehen sollten. Sie sollten wissen, wie man Sie behandeln sollte. Ich will damit nicht sagen, dass Sie jemanden bedingungslos akzeptieren sollten, wenn er Sie schlecht behandelt oder sich schlecht benimmt. Es ist jedoch wichtig zu erkennen, dass wir alle Menschen sind und Fehler machen können. Sie sind nicht fehlerfrei und Sie sollten nicht erwarten, dass andere das sind. Versuchen Sie, die andere Person zu tolerieren und davon auszugehen, dass Ihr Herz am rechten Fleck ist und sie keinen großen Schaden anrichtet (vor allem nicht absichtlich).

Wut ist selten hilfreich, sondern führt dazu, dass sich die andere Person beleidigt fühlt oder versucht, sich zu verteidigen, und weniger geneigt ist, Ihnen zuzuhören oder ihre Meinung zu ändern. Wenn Sie etwas, was die andere Person getan hat, verletzt oder gestört hat, erklären Sie stattdessen, warum es für Sie wichtig ist, aber tun Sie dies ruhig und hilfsbereit.

Was auch immer der Fall sein mag, wenn Sie sich darauf konzentrieren, was jemand anderes getan hat, um Sie zu ärgern, werden Sie sich nicht besser fühlen. Lassen Sie also Ihre Erwartungen an die Person los und lassen Sie sie einfach sie selbst sein.

Wenn Sie an Ihren Überzeugungen über das Handeln festhalten, führt das unweigerlich zu Konflikten mit der Realität. Sie haben keinen Einfluss darauf, wie andere Menschen handeln. Lassen Sie also nicht zu, dass dies zu Spannungen, Ärger, Irritationen oder Enttäuschungen führt. Erlauben Sie den Menschen, so zu sein, wie sie sind, und gehen Sie weiter.

Sie werden nicht nur eine bessere Verbindung zu ihnen haben, sondern auch glücklicher sein.

4. Kämpfen mit Verlust oder Tod
Wenn wir einen Verlust erleiden, sei es ein verlorener Arbeitsplatz, eine verpasste Gelegenheit, eine Krankheit (d. h. der Verlust der Gesundheit) oder der Tod eines geliebten Menschen, leiden wir alle und trauern. Überraschenderweise neigen wir auch dazu, aus Gewohnheit so zu handeln, dass unser Schmerz verlängert wird.

Mein Freund Ben berichtete mir in einer Sitzung:
„Als mich zum Beispiel mein Ehepartner verließ, dachte ich ständig über meinen Verlust, ihren Verrat und den unerträglichen Kummer nach, der mich umgab. Ich konnte nicht verstehen, warum dies geschah, und wünschte, die Dinge wären anders verlaufen.

Ich hatte einen unerklärlichen Drang zu erfahren, was in ihrem Leben vor sich ging, nachdem sie mich aus unerklärlichen Gründen verlassen hatte, obwohl mich jedes neue Wissen noch mehr zu verletzen schien als das letzte. Als ich von ihrem neuen Freund aus dem Nachtleben erfuhr (... ja, ehrlich) und zahlreiche unangenehme Details über seine neuesten Missgeschicke erhielt, fühlte ich mich nicht besser.

Ich war verzweifelt. Ich suhlte mich in meinem Elend. Ich gab mich auch einem übermäßigen Maß an Selbstmitleid hin.

Schließlich kam ich zu einigen Erkenntnissen. Erstens gab ich zu, dass ich meine Frau trotz unserer Ehe nicht "besitze" oder "besitzen" kann. Egal, wie sehr wir uns bemühen, wir werden nie in der Lage sein, unsere Geliebten (oder irgendjemand anderen im Leben) zu kontrollieren.

Zweitens wurde mir klar, dass ich meine Sichtweise ändern musste. Ich musste aufhören, meine bevorstehende Scheidung als Ablehnung oder Versagen zu sehen, sondern sie als ein befreiendes Ereignis betrachten - als eine Chance, mich neu zu gestalten.

Drittens begann ich zu erkennen und zu begreifen, dass ich loslassen musste, um mich von meinem Schmerz zu befreien. Es war an der Zeit, dass ich aufhörte, zurückzublicken, und begann, nach vorne zu schauen. Ich musste aufhören, mir Sorgen über das neue Leben meiner Frau zu machen, und mich auf mein eigenes konzentrieren."

In gewisser Weise gilt das für jeden von uns, wenn wir einen Verlust erleiden, egal welcher Art. Schließlich ist alles nur von kurzer Dauer. Um besser mit Verlusten umgehen zu können, müssen wir uns der Realität nicht widersetzen und lernen, die Vergänglichkeit der Dinge zu akzeptieren.

5. Furcht

Höchstwahrscheinlich werden Sie in Ihrer Lebenseinstellung durch verschiedene Ängste eingeschränkt und jede dieser Ängste entspringt dem Wunsch, die Dinge so zu halten, wie wir sie gerne hätten.

Die Furcht vor dem Versagen, die Befürchtung, die Kontrolle abzugeben, die Angst, andere im Stich zu lassen oder sich ihnen anzuvertrauen, nicht zu genügen oder nicht als das anerkannt zu werden, was man ist, haben alle ein ähnliches Arrangement: Aufgeben. Indem Sie sich daran klammern, wie Sie die Dinge gerne hätten, klammern Sie sich auch an die Befürchtung, dass diese Dinge sich nicht so entwickeln werden, wie Sie es sich wünschen.

Sie müssen Ihre Erwartungen oder Hoffnungen loslassen. Akzeptieren Sie sich selbst und die gegenwärtige Zeit (Realität) und glauben Sie an sie.

Dann hören Sie auf zu versuchen, die Kontrolle über andere und das Leben im Allgemeinen auszuüben. Wir haben vielleicht die Illusion, dass wir die Kontrolle haben, aber in Wirklichkeit haben wir sie nicht. Erlauben Sie sich, loszulassen und zu verstehen, dass Sie keinen Einfluss auf andere Menschen oder die meisten Dinge in Ihrem Umfeld haben.

Alles ist vergänglich. Alles. Und das ist ziemlich beängstigend. Wenn wir also mit Veränderung, Unbeständigkeit und Verlust konfrontiert werden, wehren wir uns und versuchen, die Kontrolle über die Situation zu erlangen oder zu erzwingen.

Anstatt zu kämpfen, müssen wir akzeptieren, dass der Wandel ein Teil des Lebens ist. Wir können es nicht ändern und werden nur darunter leiden, wenn wir das tun.

Es scheint, als sei das Loslassen ein unkomplizierter Prozess. Es ist jedoch alles andere als das. Diese Themen und Verhaltensweisen, die ich besprochen habe, haben das Potenzial, sich fest in unseren Köpfen zu verankern. Wir ziehen es vor, sie zu verteidigen und immer wieder auf sie zurückzukommen, weil wir glauben, dass wir uns damit schützen.

Um loszulassen, müssen Sie tief in sich gehen und erkennen, dass Sie keinen Schutz brauchen. Sie müssen verstehen und darauf vertrauen, dass alles in Ordnung sein wird.

Let it Go

You know
why it's hard
to be happy?

It's because
we refuse to
let go of
the things that
make us sad.

My-mindguide.com

WARUM ES WICHTIG IST, LOSZULASSEN

"Wenn Sie sich entscheiden, die Kontrolle über das zu übernehmen, was Sie in der Hand haben, anstatt sich die Kontrolle über das zu wünschen, was Sie nicht in der Hand haben, werden sich unglaubliche Veränderungen in Ihrem Leben ergeben." - Maraboli, Steve.

Überlegen Sie, woran Sie festhalten und beschließen Sie, es loszulassen. Notieren Sie es. Ist es ein Traum? Groll oder Hoffnung? Handelt es sich um einen Wunsch, der vielleicht nie erfüllt wurde? Wie lange hat es schon schon von Ihnen Besitz ergriffen? Wie lange hat es Sie schon geplagt?

Sie müssen die Kontrolle aufgeben.
Wir haben es alle schon getan: Wir klammern uns an etwas, weil es uns etwas bedeutet. Wir können jahrelang auf etwas warten und wir sind immer frustriert, wenn es nicht eintritt. Manchmal ist es eine Beziehung, die wir einfach nicht loslassen können. Wir glauben, dass der Ehepartner ideal war und es keine Möglichkeit gab, einen Besseren zu finden, und so leben wir in Reue.

Manchmal ist es eine Tragödie, unter der wir leiden.
Was ist mit den Ressentimenten, die wir hegen? Wir verlangen Gerechtigkeit, weil wir schlecht behandelt wurden, und wenn wir sie nicht bekommen, leben wir mit Hass und Bitterkeit.

Irgendwann in unserem Leben waren wir alle mit dem Dilemma konfrontiert, dass wir uns entscheiden mussten, ob wir loslassen oder an etwas oder jemandem festhalten sollten. Loslassen ist eines der schwierigsten Dinge, die wir in unserem Leben tun müssen, und doch ist es manchmal der einzige Weg, um weiterzukommen. Es ist extrem schwierig, von Dingen Abschied zu nehmen, die wir unbedingt behalten wollen. Ob es sich nun um Gegenstände, Menschen oder Ideen handelt, oft fällt es uns schwer zuzugeben, dass wir sie nicht brauchen, weil sie uns so gut gefallen. Aus irgendeinem Grund haben wir uns antrainiert festzuhalten, weil die Aussicht, dass sie uns verlassen oder wir sie vermissen, einfach zu schmerzhaft ist, um es zu ertragen. Aber um über den schwierigen und zeitraubenden Prozess des Loslassens zu bewältigen, müssen wir einen Schritt weitergehen. Wir sollten nach vorne schauen, um zu entdecken, welche neuen Möglichkeiten sich durch das Abschiednehmen ergeben.

Weil wir unsicher sind, fällt es manchen von uns schwer, etwas freizugeben. Wir glauben vielleicht, dass nichts jemals gut genug oder besser sein wird als das, was wir derzeit haben. Wir müssen erkennen, dass dies einfach nicht der Fall ist. Solange wir unseren Optimismus beibehalten, werden sich größere Dinge auf uns zu bewegen. Wir dürfen nicht zulassen, dass unsere Bindung an etwas unser Abschiedsverfahren behindert.

Wir werden uns Zeit nehmen, darüber nachzudenken, ob wir uns wirklich selbst lieben. Ist das, was wir haben, ausreichend für unsere Bedürfnisse? Wenn es auch nur einen Hauch von Unsicherheit gibt, sollten wir darüber nachdenken, was auch immer wir loslassen wollen. Wir haben die Kontrolle über unser Schicksal. Wie sehr wir uns entwickeln und gedeihen, hängt letztlich von unseren Entscheidungen ab. Wenn wir in unserem Leben unbeweglich bleiben, werden wir nicht wachsen. Wir müssen uns darin üben, das, was wir haben, zu analysieren und zu entscheiden, ob es sich wirklich lohnt, daran festzuhalten, damit wir wachsen können. Ich kann Ihnen aus eigener Erfahrung sagen, dass es schwierig sein wird, ehrlich zu sich selbst zu sein und zu entscheiden, dass etwas weg muss. Wenn Sie sich jedoch die Zeit nehmen, sich an diesen Gedanken zu gewöhnen, werden Sie nie zurückblicken, denn Sie werden erkennen, wie sehr dieser Schritt Ihren Fortschritt und Ihr Leben fördert.

Eine Technik, um mit dem Loslassen zu beginnen, besteht darin, sich zu fragen: "Wenn ich das loslasse, wofür wird es Platz schaffen?". Die Antwort wird mit ziemlicher Sicherheit etwas von gleichem oder besserem Wert sein. Das einfachste Beispiel ist ein Pullover, den Sie schon seit Jahren besitzen, aber nie getragen haben. Es ist einer Ihrer Lieblingspullis. Er war ein Geburtstagsgeschenk von Ihrer besten Freundin. Wenn sie sich davon trennen, machen sie einen Bügel in ihrem Kleiderschrank frei, den sie für ein neues Kleidungsstück nutzen können, das sie beim nächsten Einkaufen finden. Dieses Kleidungsstück wird Ihnen höchstwahrscheinlich besser passen und modischer sein. Es ist eine bessere Option für Sie.

Mir ist klar, dass dies ein sehr einfaches Beispiel ist, aber das Konzept bleibt auch in schwierigeren Fällen dasselbe. Wenn wir etwas aufgeben, verlieren wir nie ganz die Liebe dazu; sie entwickelt sich nur zu einer Liebe für etwas anderes, für das wir den Weg freigemacht haben. Es ist wichtig, sich daran zu erinnern, dass wir auch nach dem Loslassen einer Sache, die uns am Herzen liegt, immer noch die Erinnerungen daran haben werden.

Sich zu erlauben, etwas freizugeben, muss nicht gleichbedeutend mit Vergessen sein. Es bedeutet, auf die Fähigkeit einer Sache, sich negativ auf Sie auszuwirken, zu verzichten, damit Sie nicht mit unangenehmen Gefühlen überschwemmt werden, wenn Sie sich daran erinnern. Ist es möglich, dass Sie etwas übersehen? Sicher, aber Sie sind sich auch bewusst, dass Sie jetzt mehr Platz in Ihrem Leben für bessere, angenehmere Dinge haben. Wenn Sie sich entschließen, einen geliebten Menschen loszulassen, weil Sie ihn nicht mehr mögen und nicht mehr in Ihrem Leben haben wollen, bedeutet Loslassen nicht, dass Sie alles vergessen, was mit dieser Person jemals geschehen ist. Es bedeutet, sich von dieser Person zu trennen und sich liebevoll an Momente zu erinnern, die mit dieser Person zu tun haben, ohne dass Sie die Tatsache berührt, dass Sie sie nicht mehr in Ihrem Leben haben. Dies ist zweifelsohne ein Prozess, der nicht immer einfach ist. Das Loslassen dieser Person ermöglicht es Ihnen jedoch, Ihre vorhandene Liebe auf andere Personen zu lenken, die in Ihrem Leben besser zu Ihnen passen könnten. Wenn es Ihnen schwer fällt, dies durchzustehen, weil Sie diese Person auf eine Weise vermissen, die Sie traurig oder einsam macht, richten Sie Ihre Gedanken auf die grenzenlosen Möglichkeiten, für die Ihr Leben jetzt Platz hat.

Wir haben die Macht zu entscheiden, was wir freigeben und woran wir festhalten, und unsere Entscheidungen werden letztlich den Weg bestimmen, den unser Leben nimmt. Wenn sie zu lange in einem Job bleiben, der ihnen keinen Spaß macht, kann das ihrem Glück und ihrem allgemeinen Wohlbefinden schaden. Wenn sie aber loslassen, auch wenn das beängstigend und etwas traurig ist, öffnen sie ihr Leben für neue Möglichkeiten und Erfahrungen, die vorher nicht verfügbar waren. Es ist schwer, sich von etwas zu trennen, das man eigentlich liebt oder das einem wichtig ist, oder sogar von etwas, das einem einfach nur Trost spendet. Allerdings hat jeder in seinem Leben irgendwann dieses Problem. Wenn es Ihnen schwerfällt, etwas loszulassen, das Ihnen nicht mehr gut tut, seien Sie sanft zu sich selbst und vergeben Sie sich.

Bleiben Sie zunächst in der gegenwärtigen Situation und fragen Sie sich: "Hilft mir die Liebe zu dieser Person, diesem Objekt oder diesem Konzept gerade weiter und macht es mich glücklich?" Wenn Sie mit Ja geantwortet haben, können oder müssen Sie vielleicht noch nicht loslassen. Wenn die Antwort nein lautet, fragen Sie sich: "Könnte der Abschied von diesem Gegenstands, dieser Person oder diesem Konzepts dazu führen, dass ich in Zukunft ein schöneres und glücklicheres Leben habe?" Wenn Sie mit "Ja" oder "Vielleicht" geantwortet haben, sollten Sie darüber nachdenken, den Prozess des Loslassens zu beginnen. Tun Sie es, auch wenn es sich beängstigend anfühlt und auch wenn Sie wissen, dass Sie das, was Sie loslassen, vermissen werden. Es werden bessere Dinge auf Sie zukommen. Wir verlieren oder zerstören die Liebe nicht, sie nimmt nur eine neue Form an.

Als ich im Gymnasium war, bin ich über das folgende Zitat gestolpert und fand es interessant. Ich bin mir nicht sicher, ob ich es damals verstanden habe, aber das Nachdenken darüber hat mir im Laufe der Zeit sehr geholfen. Ich hoffe, dass die Lektüre dieses Zitats auch Ihnen helfen und Sie ermutigen wird.

"Die ganze Kunst des Lebens liegt in einer perfekten Mischung aus Loslassen und Festhalten."

-Havelock Ellis

Warum fällt das Loslassen so schwer?

Wir wissen, wie wichtig es ist, die Dinge freizugeben, die uns zurückhalten. Warum ist es dann so schwierig? Es läuft alles darauf hinaus, Verantwortung zu übernehmen. Es scheint bequemer zu sein, Personen, Ereignissen und Dingen die Schuld für unsere Situation zu geben als zuzugeben, dass wir uns geirrt haben.

Zwar müssen wir den Einfluss der Vergangenheit auf Sie akzeptieren und bejahen, aber indem Sie ihr die Schuld für Ihre gegenwärtigen Gefühle geben, entziehen Sie sich Ihre eigene Autorität. Damit geben Sie Ihre Autorität an etwas ab, das Ihnen niemals helfen wird. Die Vergangenheit ist vergangen und egal, wie sehr Sie sie sich wünschen, zurückholen kann man sie nicht.

Das Trauma loslassen

Akzeptieren Sie, dass die Schwierigkeiten dieser Zeit außerhalb Ihrer Kontrolle lagen, und lassen Sie los. Sie hätten nichts mehr tun können, um die Umstände zu ändern. Die Vergangenheit ist vorbei und Sie sollten sich nicht selbst bestrafen, indem Sie ihr nachhängen. Das Trauma hat uns alles genommen, und Sie sollten während Ihrer Rehabilitation alles wiedergewinnen.

Loslassen bedeutet also, sich mit den aktuellen Ressourcen zu rüsten und sein bestes Leben heute zu leben.

Gründe, die Vergangenheit loszulassen

Es scheint, dass der Abschied für viele Menschen ein schwieriger Prozess ist. Der Grund dafür bleibt ein Rätsel. In unserem Leben durchlaufen wir alle eine Vielzahl von Ereignissen. Jede Phase unseres Lebens bietet neue Schwierigkeiten und Gelegenheiten, um bestimmte Aufgaben zu meistern. Wir entwickeln neue Fähigkeiten, erforschen neue Seiten an uns selbst und lernen mehr darüber, wie wir mit den Menschen und dem Umfeld verbunden sind. Oft freuen wir uns über das, was wir geschafft haben und darüber, wie wir unsere Ziele erreicht haben. Es fühlt sich gut an, in einer solchen Situation loszulassen und weiterzumachen. Wenn wir mit der Art und Weise, wie sich unser Leben entwickelt, zufrieden sind, ist es viel einfacher, loszulassen und offen zu sein für das, was als Nächstes passiert.

In unserem Leben gibt es Zeiten, in denen wir mit extremen Schwierigkeiten oder Stress konfrontiert sind, Zeiten, in denen wir Angst und Furcht empfinden. Wir wissen nicht immer, wo wir hinwollen oder wie wir dorthin kommen werden. Manchmal, egal wie sehr wir uns bemühen, kommen wir einfach nicht aus dem Trott heraus. Das passiert immer wieder, ob man es will oder nicht. Tatsächlich passiert das den meisten von uns regelmäßig. Es ist völlig in Ordnung, sich verloren und verwirrt über die Zukunft zu fühlen. Hoffentlich werden unsere Herausforderungen und Probleme irgendwann gelöst und wir können weitermachen.

Aber was passiert, wenn man feststeckt und nicht mehr herauskommt? Sie können einfach nicht aufhören, über die

Vergangenheit zu grübeln und sich Sorgen zu machen - über das, was war, über das, was nicht passieren konnte, über die Chance, die Ihnen entgangen ist, über die Person, die Sie lieben, die Sie aber nicht auf dieselbe Weise liebt, über die schwierige Beziehung, die Ihre Integrität und Gesundheit immer wieder auf die Probe stellt. Sie können all die Dinge nicht loslassen, von denen Sie dachten, sie würden Sie glücklich machen, all die Dinge, die Sie erwartet haben, all die Hoffnungen und Träume, nach denen Sie sich gesehnt haben, die aber nicht in Erfüllung gegangen sind! Sie sind in den Gefühlen dieses Moments gefangen, proben ständig die Angst, die Reue, die Demütigung, das Gefühl des Verlusts usw..

Ich weiß, dass es schwierig ist, alles loszulassen, in das man investiert hat und an dem man festhält, aber man muss loslassen, denn das ist, so schmerzhaft es auch sein mag, der einzige Weg, um weiterzukommen.

Hier sind also ein paar Ideen, die Ihnen helfen sollen, voranzukommen und vielleicht das loszulassen, was Ihnen nicht mehr dient.

Die Vergangenheit ist vorbei.

Es spielt keine Rolle, wie lange Sie darüber nachdenken oder wie viel Mühe Sie sich geben, es spielt keine Rolle. Sie haben keine Kontrolle über das, was geschehen ist, aber Sie können Ihre Reaktion darauf kontrollieren. Sie können Ihre Gedanken und Gefühle positiver gestalten, um die gelernten Lektionen und die erworbene Weisheit zu reflektieren, anstatt negativ über die Vergangenheit zu denken - über Ihre Enttäuschung, Ihren Kummer und Ihren Kampf für etwas, das Ihnen nicht zustehen sollte. Sie können akzeptieren, dass Sie sich noch in der Entwicklung befinden und dass das, was Ihnen widerfahren ist, Ihre derzeitige Wachstumsphase darstellt. Sie lernen, diese vergangenen Ereignisse als Sprungbrett für Ihre Zukunft zu betrachten, während Sie als Person reifen.

Selbstlimitierende Ansichten hindern Sie daran, loszulassen.

Sie schränken Ihre Fähigkeit ein, sich zu entwickeln und zu entfalten, wenn Sie davon ausgehen, dass das, was Sie gerade erleben, die einzige Möglichkeit ist, die Sie haben, und die einzige Zeit, in der Sie sie haben werden. Sie lassen sich viele Chancen entgehen, wenn Sie Ihre Überzeugung von Ihren Fähigkeiten einschränken. Wenn Sie in engen Grenzen denken, verpassen Sie Gelegenheiten, neue Dinge auszuprobieren und etwas zu erreichen. Sie nehmen sich die Macht, der "Herr" über Ihre Kreativität zu sein. Sie berauben sich selbst der Chance, bei der Verwirklichung Ihrer tiefsten Sehnsüchte zu helfen.

Wenn Sie loslassen, schaffen Sie Platz für etwas Neues, das entstehen kann.

Das ist so, als hätte man eine Schublade voller Dinge, die man nicht braucht. Wissen Sie, was in Ihnen vorgeht? Treten Sie einen Schritt zurück und bewerten Sie Ihre emotionalen, psychologischen, physischen und spirituellen Bedürfnisse. Sind die Dinge, die früher in Ihrem Leben Sinn gemacht haben, immer noch sinnvoll für Sie? Klammern Sie sich aus Nostalgie an die Vergangenheit? Fürchten Sie, dass Sie etwas vergessen könnten, wenn Sie jetzt davon loslassen? Sie schaffen einen großen Raum für alles, was geschehen kann, wenn Sie die Trümmer der Vergangenheit beseitigen.

Ihre Vergangenheit ist nicht Ihre Identität.

Ja, Ihre Vergangenheit beeinflusst Ihre Identität, aber es ist nicht das, was Sie jetzt sind. Ihre Lebenserfahrungen sind ein Spiegelbild dessen, was Sie sind. Dinge geschehen, aber wie sie geschehen und wie sie sich zeigen ist bei jedem Menschen einzigartig gefärbt. Sie hinterlassen ihre Spuren. Ihre Identität ist für Ihre Zukunft ebenso wichtig wie für Ihre Vergangenheit. Wenn Sie in der Vergangenheit verhaftet bleiben, können Sie nicht in der Gegenwart und in der Zukunft leben.

Loslassen ist die Basis der Veränderung.

Manche Menschen lassen sich vom Fluss des Lebens treiben. Sie scheinen aktive Teilnehmer am Leben zu sein, sind es aber nicht. Sie denken, fühlen, hoffen und träumen von einem Leben, das hätte stattfinden sollen, aber nicht stattgefunden hat. Es war eine völlige Zeitverschwendung, denn sie werden nie wissen, wie stark, mutig oder fähig Sie sind, das Leben in vollen Zügen zu genießen. Wenn Sie sich weigern, loszulassen, kapitulieren Sie aus der Angst vor dem Unbekannten und einem möglichen Scheitern. Sie hindern sich selbst daran, ein erfülltes und reiches Leben zu führen.

Sie werden stärker sein.

Es ist nicht einfach, frühere Kämpfe, alte Gewohnheiten und Personen loszulassen, die sich nicht um unsere Interessen kümmern. Es erfordert, dass wir aus unserer Komfortzone heraustreten. Deshalb wollen viele von uns die Dinge so belassen, wie sie sind. Wir erfinden immer wieder Ausreden, warum wir die Geschichte nicht freigeben können. Die Entscheidung, loszulassen, wird Sie dagegen stärker und sicherer machen. Es bringt Sie dazu, sich auf das zu konzentrieren, was Sie wirklich erreichen müssen, um die Zeit zu leben und zu werden, wer Sie wirklich sind. Sie werden entdecken, wie Sie jede neue Schwierigkeit, die sich Ihnen in den Weg stellt, überwinden können. Dadurch werden Sie in der Lage sein, die Kontrolle über Ihre Ziele und Ihr Leben zu übernehmen.

Sie werden sich auf eine Weise befreit fühlen, wie Sie es noch nie erlebt haben.

Stellen Sie sich vor, Sie tragen einen schweren Rucksack voller Steine durch das Leben. Jeder von ihnen steht für jede schreckliche Erfahrung, die Sie gemacht haben, und zieht Sie nach unten. Sie fühlen sich gefangen und verhindern, dass Sie Ihr Leben in vollen Zügen genießen können.

Wenn Sie sich entscheiden, jeden Stein wegzuwerfen und loszulassen, werden Sie ein neues Gefühl der Freiheit bekommen, das jedes Element Ihres Lebens durchdringen wird.

Sie können sich selbst schätzen.

Ihre Vergangenheit hat Sie zu dem geformt, was Sie heute sind. Dies zu erkennen, ist ein ausgezeichneter erster Schritt, um Ihre Geschichte zu schätzen und zu akzeptieren. Niemand ist makellos und wir alle haben eine Geschichte, mit der wir umgehen müssen.

Sie schaffen in Ihrem Herzen Platz für die großartigen Dinge, die die Welt heute zu bieten hat, wenn Sie sich selbst verzeihen und alles loslassen, was gestern geschehen ist.

Sie können Ihre Energie darauf lenken, die Ziele und Wünsche zu erreichen, die Ihnen Freude bereiten.

JUST
LET IT
GO

My-mindguide.com

ANZEICHEN DAFÜR, DASS ES ZEIT IST, LOSZULASSEN

Unsere Emotionen neigen dazu, unser Denken zu verwirren und uns die Konzentration zu erschweren, wodurch es scheint, dass die Fähigkeit des Loslassens und die, zu erkennen, wann man loslassen muss, verwirrend und schwierig sein kann.

"Sie werden feststellen, dass das Loslassen von Dingen wichtig ist, einfach weil sie schwer sind. Also, lass sie los, lass sie los." C. JoyBell

Sollten Sie jemanden loslassen, vor allem Ihren derzeitigen Arbeitsplatz, alte Gefühle oder Ressentiments? Sollten sie an ihnen festhalten und sich von ihnen verschlingen lassen? Diese Indikatoren sagen Ihnen, dass sie Abschied nehmen und leben sollen:

1. Sie müssen Ihre Idee über sich aufgeben, um für andere zu jemandem werden, der Sie nicht sind.

Persönliche Werte und Visionen sind die Dinge, die bestimmen, wer Sie in diesem Leben sind. Lassen Sie los, wenn Ihre Karriere, Ihr Partner oder Ihre Bekannten Sie zwingen, jemand zu sein, der Sie nicht sind. Sie können und sollen Ihre Identität auf Dauer nicht verleugnen.

2. Ihr Vertrauen wird ständig missbraucht.

Wenn man sich in eine Idee, eine Person, ein Ereignis oder ein Kunststück verliebt, wird man verletzlich. Man sagt, jemanden zu lieben bedeutet, ihm zu erlauben, ihnen zu schaden, aber Sie vertrauen darauf, dass er es nicht tut, richtig? Wenn Ihr Freund Sie also ständig verletzt oder Ihre Liebsten Ihre Gefühle konsequent ignorieren, ist es an der Zeit, sie loszulassen. Warum glauben sie, dass der Schmerz verschwindet, wenn sie weiter an ihm festhalten?

3. Wenn Sie darin verharren, fühlen Sie sich ständig gebrochen, unglücklich und frustriert.

Sie verachten ihre Arbeit, ihre Beziehung oder ihr Unternehmen. Sie haben keine Ahnung, warum sie überhaupt an diesem Wettbewerb teilgenommen haben. Sie verachten die Menschen, mit denen sie zusammen sind, und die Dinge, die sie tun. Sie sind nicht motiviert, weiterzumachen. Das sind alles Konsequenzen davon, an etwas festzuhalten.

4. Sie fühlen sich minderwertig.

Ihr Selbstwertgefühl wird ständig abgewertet. Sie scheinen nie gute Laune zu haben. Es ist, als ob Sie die ganze Zeit als selbstverständlich angesehen werden. Jeder erwartet, dass Sie auftauchen, aber wenn Sie da sind, werden Sie behandelt, als ob es egal wäre! Wenn es den Anschein hat, dass Sie der Einzige sind, der hinterherläuft, tun Sie sich selbst einen Gefallen und hören Sie auf. Das ist so, als würden Sie sich ständig selbst beschimpfen - lassen Sie einfach los.

5. Sie verteidigen, warum es sich lohnt, weiterzumachen,
    obwohl es sich nicht lohnt.

"Oh, er hat meinen Geburtstag vergessen, weil er so beschäftigt
war..."

"Er hat mich nie seinen Kumpels vorgestellt, da er behauptet,
sie seien nicht mehr seine wahren Kumpels..."

"Ich bin sicher, dass mein Geschäftspartner uns nicht in den
Ruin treiben wollte; ich bin sicher, er hat einen Plan..."

"Ich liebe meinen Job, auch wenn ich immer unter Druck
stehe und nie Zeit für meine Familie habe...", oder?

Prüfen Sie sich selbst und achten Sie darauf, was Sie sagen:
Glauben Sie wirklich, was Sie sagen? Nein. Also entspannen
Sie sich.

6. Sie können sich nicht daran erinnern, wann Sie das letzte
    Mal glücklich waren.

Wann waren Sie das letzte Mal glücklich, d. h. vollkommen
zufrieden, erfüllt und wohl in Ihrer Haut? Setzen Sie sich nicht
zu sehr unter Druck. Wenn Sie sich an nichts erinnern können,
ist es an der Zeit, loszulassen und weiterzumachen.

7. Sie merken, dass Sie derjenige sind, der ständig
    Zugeständnisse machen muss.

Sind Sie derjenige, der ständig zusätzliche Zeit opfern muss?
Mehr Geld? Sie fragen sich ständig oder werden gefragt, was
Sie noch machen können? Scheinen Sie immer derjenige zu
sein, der mehr Schmerzen hat? Mehr Ärgernis? Wollen Sie
sich noch mehr ängstlich fühlen? Hören Sie auf, sich selbst zu
verfolgen und tun Sie sich einen Gefallen.

8. Es ist schon länger her, dass Ihre Worte wirklich gehört
    wurden?

Warum halten Sie noch durch, wenn Ihre Ideen ständig unterdrückt und Ihre Gefühle ignoriert werden? Sie wissen, dass Sie zu mehr fähig sind.

9. Weil es zu sehr schmerzt, weigern Sie sich, die Gegenwart
    zu akzeptieren.

Sie ziehen es vor, in der Vergangenheit zu leben, anstatt sich der gegenwärtigen Situation zu stellen, denn dort trösten Sie sich mit schönen Erinnerungen. Sie leben in Verleugnung und versuchen, sich einzureden, dass am Ende alles gut wird, obwohl sie mit jeder Faser ihres Wesens wissen, dass es nicht so sein wird.

10. Täuschung und Selbsttäuschung – Schluss damit.

Es ist ganz einfach, sich zurückzulehnen und sich von der Wortgewandtheit des Gesprächspartners beeinflussen zu lassen. Vergessen Sie nicht, dass Worte allein nicht jedes Problem lösen können. Es ist in der Regel ein negatives Omen, wenn er das eine sagt und dann etwas anderes tut.

Ihr Geschäftspartner verspricht, Dinge zu lösen, hält sich aber nie daran? Drücken Sie den Pausenknopf.

Ihr Liebster schwört, dass er Sie nie wieder betrügen wird, aber er tut es doch immer wieder. Erlauben Sie sich, frei zu werden.

Ihre Angehörigen behaupten, dass sie in Ihrem besten Interesse handeln, aber sie tun es nicht? Gestatten Sie sich selbst, das realistisch zu bewerten.

11. Sie haben bereits alle Anstrengungen unternommen, aber es hat sich nichts geändert.

Wenn Sie alles getan haben, was Sie konnten, wenn alle Versprechen, die Ihnen gegeben wurden, gebrochen wurden, wenn es Ihre Zeit, Ihr Geld, Ihre Tränen oder Ihren Ärger nicht mehr wert ist...

Erlauben Sie sich, nach vorne zu schauen.

Sie leben nicht in einer Fantasiewelt. Versprechen werden häufig gebrochen. Liebhaber schaden Ihnen. Ihre Geschäftspartner können Sie betrügen. Nicht jeder Mensch ist auf Sie bedacht.

Beseitigen Sie den schädlichen Glauben, dass ein Verbleib die Dinge besser machen würde.

Erlauben Sie sich, loszulassen und zu leben.

Anzeichen dafür, dass es an der Zeit ist, Ihre Beziehung loszulassen

Im Leben geht es darum, ein Gleichgewicht zwischen Festhalten und Loslassen zu finden. Wir versuchen ständig, die richtige Entscheidung zu treffen, doch das ist nicht immer einfach, vor allem, wenn es um Menschen geht, die wir lieben.

Wir investieren viel von unseren Gefühlen, unserer Zeit und unserer Energie in Beziehungen und je mehr wir investieren, desto schwieriger ist es, sie freizugeben. Wir lassen aus verschiedenen Gründen nicht los; wir lassen nicht los, weil wir Angst vor dem Unbekannten haben; wir lassen nicht los, weil wir uns vor dem Alleinsein fürchten; die Gründe sind vielfältig, aber das Ergebnis ist letztlich dasselbe: Wir sind unglücklich.

Obwohl Lügen, Betrug und Respektlosigkeit zu den häufigsten und schwerwiegendsten Ursachen für Trennungen gehören, erkennen wir nur selten, dass es sich dabei um Symptome für verschiedene zugrunde liegende Probleme handelt. Wir verschließen oft die Augen vor vielen Dingen, die uns beängstigend erscheinen, in der Hoffnung, dass sich die Dinge bessern würden, aber je mehr sich die Beziehung verschlechtert, desto größer wird der Schaden. Keine noch so große Rettungsaktion wird die Beziehung wiederherstellen können.

Wenn Sie wissen, wann Sie loslassen müssen, ersparen Sie sich eine Menge Herzschmerz und können mit einer positiveren Einstellung weitermachen. Es besteht die Möglichkeit, dass Sie Abschied nehmen müssen, wenn Sie eines der folgenden Symptome verspüren.

1. *Sie sind nicht Sie selbst.* Sie müssen ständig vorgeben, jemand zu sein, der sie nicht sind, aus Angst, kritisiert oder missverstanden zu werden.

2. ***Sie sind nicht wirklich glücklich.*** Hier geht es um Glück, nicht um einfaches Auskommen oder Überleben. Eine Beziehung sollte nicht langweilig oder leblos sein, wenn die Dinge gut laufen.

3. ***Sie wollen unterschiedliche Dinge.*** Es wird für Paare schwierig sein, sich auf halbem Weg zu treffen, wenn sie nicht auf der gleichen Seite stehen und ihre Ziele und Ambitionen sehr unterschiedlich sind. Sie werden beide in einer Beziehung gefangen sein, in der jeder seinen eigenen Weg geht, anstatt das Leben gemeinsam zu leben, und schließlich auseinanderdriften.

4. *Sie werden ständig getadelt und selten anerkannt.* Wenn Ihr Partner Sie häufig in der Öffentlichkeit oder privat kritisiert, sei es für Ihr Aussehen, Ihr Verhalten oder Ihre Ansichten und Überzeugungen, deutet das darauf hin, dass er das Gute in Ihnen nicht sehen kann.

5. *Das Feuer und die guten Zeiten sind nicht mehr da.* Wenn die Leidenschaft verblasst ist, machen sich Langeweile und Stumpfheit in der Beziehung breit. Dies ist einer der Gründe, warum viele Menschen fremdgehen und sich jemand anderen suchen, um die emotionale Leere zu füllen.

6. *Sie sind die meiste Zeit einsam.* Eine stabile Beziehung ist eine Beziehung, in der die Partner bereit sind, dem anderen durch verschiedene Schwierigkeiten hindurch zu helfen. Wenn Sie das Gefühl haben, dass Sie in einer Beziehung alles allein durchstehen müssen, ist das ein deutliches Zeichen dafür, dass die Beziehung bereits zerbrochen ist.

7. *Sie geben sich zu viel Mühe und machen viele Zugeständnisse.* Beziehungen sollten auf einem gleichberechtigten Austausch von Diensten und Emotionen beruhen. Wenn Sie alle Anstrengungen unternehmen, um die Beziehung allein aufrechtzuerhalten, werden Sie mit Sicherheit nachtragend und unzufrieden werden.

8. *Sie denken sich immer Gründe und Rechtfertigungen für ihr Handeln aus.* Wenn sie sich gezwungen fühlen, ständig Ausreden dafür zu finden, warum sie ignoriert werden, und sie vor deinen Eltern und Freunden zu verteidigen, machen sie sich nur blind für die Wahrheit.

9. *Sie befinden sich ständig in einem Konflikt.* Wenn Sie nicht miteinander kommunizieren können und sich immer wieder streiten, ist das ein Zeichen dafür, dass Sie nicht zueinander passen und sich nicht gut genug verstehen. Es könnte auch ein Hinweis auf aufgestaute Wut und Ärger sein.

10. *Die Verbindung erschöpft Ihre Energie.* Die Nähe zu dem Menschen, den Sie lieben, sollte Ihnen nie wie Arbeit oder eine Verpflichtung vorkommen, sondern Wärme und Freude spenden und Ihre Stimmung heben. Wenn Sie in einer Beziehung sind, in der Sie sich ständig krank fühlen und Zeit für sich allein brauchen, sind Sie am falschen Ort mit der falschen Person.

11. *Sie fühlen sich bedrückt und erdrückt.* Ihre Anwesenheit stresst Sie sehr. Sie fühlen sich nicht wohl in ihrer Mitte und haben das Gefühl, sich ständig erklären zu müssen. Sie müssen Energie dafür aufwenden, die gemeinsame Zeit angenehm zu gestalten, aber Sie rechnen nicht damit, etwas zurück zu bekommen.

12. *In diesem Zusammenhang haben Sie Angst.* Weil ihre Reaktionen Sie normalerweise ängstigen und verunsichern, überlegen Sie zweimal, bevor Sie etwas sagen oder auf eine bestimmte Weise reagieren. Sie müssen sich von den Fesseln dieser Verbindung befreien, wenn Sie in der Nähe des Partners auf Eierschalen laufen und ständig Angst haben, dass das, was Sie sagen oder tun, Ihren Partner verärgern könnte.

13. *Sie wurden mit Verachtung und Grausamkeit behandelt.* Missbrauch und Respektlosigkeit haben in gesunden

Beziehungen nichts zu suchen; das ist nicht akzeptabel. Beenden Sie sie sofort.

14. ***Sie bleiben dabei, weil Sie hoffen, dass sich die Dinge verbessern werden.*** Sie versuchen schon seit langem, die Dinge zu verbessern, aber sie wissen und spüren in ihrem Herzen, dass etwas nicht stimmt. In einer solchen Situation haben Sie nur einen Funken Hoffnung, dass sich etwas ändert, entweder weil Sie auf Besserung warten oder weil Sie glauben, dass dies das Beste ist, was Sie bekommen können.

15. ***Sie werden durch Ihre Beziehung gebremst.*** Der richtige Partner wird Sie ermutigen und anspornen, Ihre Ziele zu erreichen, und er wird Ihrem beruflichen oder persönlichen Wachstum und Ihrer Entwicklung nie im Wege stehen.

16. ***Ihr Gepäck verursacht Probleme in ihrer Beziehung.*** Sind Sie Hals über Kopf in jemanden verliebt, der schwer belastet ist? In jemanden, der Gepäck aus früheren Beziehungen mit sich herumträgt, mit familiären Schwierigkeiten oder Drogenmissbrauch kämpft, Probleme mit Wut oder Unsicherheit hat? Jemand, mit dem es aufgrund seiner Verletzungen schwierig ist, zusammen zu sein?

Viele von uns bleiben bei einer Person, auch wenn sie uns nicht glücklich macht. Wir glauben, dass sie sich nicht verbessern werden, wenn wir sie nicht unterstützen.

Sie sollten erwägen, sie zu ihrem Wohle aufzugeben. Viele von uns bleiben, weil wir glauben, dass wir ihnen helfen können. Sie brauchen uns, um dieses destruktive Handeln aufrechtzuerhalten.

Wir neigen dazu, ihren Schaden zu überkompensieren, indem wir ihren Alkoholkonsum entschuldigen oder uns in jemand anderen als uns selbst verwandeln, um zu vermeiden, dass sie über vergangene Beziehungen sprechen. Wer ist derjenige, der auf Zehenspitzen geht, um einen Wutausbruch zu vermeiden?

Der Versuch, dem geliebten Menschen auf diese Weise zu helfen, mag zwar verständlich sein, aber fruchtlos. Sie könnten die Dinge sogar noch schlimmer machen.

Sie können Ihrer geschädigten Person wirklich eine Chance bieten, gesund zu werden, wenn Sie die Kraft finden, sie gehen zu lassen, wenn Sie ihr sagen können, dass Sie sie lieben und ihr helfen und sie unterstützen wollen, aber alles, was Sie sehen, ist, dass es ihr schlechter geht und Ihre Beziehung immer giftiger wird.

Die Menschen sind viel eher bereit, Hilfe zu suchen, wenn man sie loslässt und sie entdecken, dass sie nicht nur allein sind, sondern auch, dass sie nicht in einer Beziehung leben, in der jemand ihre Probleme überkompensiert.

Ich weiß, dass Sie bei einem Abschied befürchten, dass die Person sich bessern und jemand anderen finden wird, mit dem sie glücklich bis ans Ende ihrer Tage leben kann. Und das ist eine Möglichkeit. Mein Rat ist, sich von dem Traum zu verabschieden, dass sie sich bessern und Sie ein glückliches Leben führen können. Sie werden unglücklich sein.

Wenn Ihr Partner Probleme hat, unter denen Ihre Beziehung leidet, sollten Sie in Erwägung ziehen, ihn gehen zu lassen, damit er ein gesundes und glückliches Leben führen kann. Und das gilt auch für Sie.

17. *Sie lieben sie /ihn nicht so sehr, wie Sie sollten.* Als ich verheiratet und unglücklich war, fantasierte ich davon, meinen Ehepartner zu verlassen, damit sie einen Mann finden konnte, der sie glücklich macht. Auch wenn wir Schwierigkeiten hatten, liebte ich sie immer noch und der Gedanke, dass sie mit einem anderen zusammen sein könnte, machte mich ganz krank.

Also hielt ich aus egoistischen Gründen daran fest und wir waren beide unglücklich.

Erlauben Sie einer geliebte Person sich zu trennen, wenn Sie wissen, dass Sie ihn nicht genug lieben. Erlauben Sie ihnen, glücklich zu sein, echte Liebe zu entdecken und ein erfüllendes Leben zu haben.

Ich verstehe, wie beängstigend das ist und wie besorgt Sie sind, dass Sie nie wieder Liebe finden werden, wenn Sie diese Person loslassen. Das heißt, ich kann fast garantieren, dass Sie zu Jahren des Mangels verdammt sein werden, wenn Sie an der Person festhalten.

Ich kann Ihnen auch garantieren, dass Sie jemand anderen finden, den oder die Sie anbeten können, wenn Sie sie gehen lassen.

Wenn Sie also die Person, mit der Sie zusammen sind, ansehen und nicht genug Liebe für sie empfinden, lassen Sie sie gehen. Erlauben Sie Ihnen und Ihrem Partner, glücklich zu sein.

Nach unserer Trennung wusste ich, dass sowohl meine Ex als auch ich das Glück hatten, unsere wahren Partner zu finden und jetzt ein glückliches Leben führen. Dieses Gefühl habe ich immer noch, aber ich bin froh, dass es so gekommen ist, wie es gekommen ist.

18. *Sie schwanken hin und her.*

Es ist normal, dass man an einem romantischen Partner zweifelt, vor allem, wenn die Gefühle für ihn oder sie nicht auf Gegenseitigkeit beruhen und man schon einige Zeit zusammen ist.

Vielleicht sind Sie unzufrieden mit der Art und Weise, wie Sie behandelt werden oder Sie sind unruhig oder Sie würden gerne mehr Zeit mit Ihren Freunden verbringen.

Ihrer/m Partner/in können Sie dann mitteilen, dass Sie etwas Zeit brauchen.

Oft verlassen Personen das Haus, rufen nicht mehr an oder verschwinden. Ihr Verhalten hat die Partnerschaft mit Sicherheit beendet.

Dann kehren die Personen und vielleicht auch Sie einen Tag, eine Woche oder einen Monat später zurück - weil Sie auf Besserung hoffen, sich einsam fühlen oder Ihnen langweilig geworden ist. Nach einer Weile merken Sie, dass sich nichts geändert hat und dass Sie sie oder ihn immer noch nicht lieben. Und dann sind sie weg.

Das nennt man Jo-Joing und es kann für die Person, die zurückbleibt, ziemlich schädlich sein. Ich kenne zahlreiche Menschen dessen Partner/in diese Methode nutzt und ich kann Ihnen versichern, dass dies in jedem Fall ihr Selbstwertgefühl zerstört. Sie haben das Gefühl, nicht gut genug zu sein, und sie fragen sich, warum man sie nicht so lieben kann, wie sie einen lieben. Sie bemühen sich, ihre Persönlichkeit zu verändern, in der Hoffnung, dass es diesmal besser wird. Sie stören sich an dem, was ihr Ex-Partner nach der Trennung tut.

Wenn Sie sich dabei ertappen, dass Sie mit Ihrem/r Partner/in respekt- und lieblos umgehen, ist es an der Zeit, dem ein Ende zu setzen! Versuchen Sie, über Ihre eigenen egozentrischen Wünsche hinwegzusehen und sie loszulassen. Erlauben Sie ihnen, sich selbst neu zu entdecken, erkennen Sie, dass sie ausreichen und nicht unbedingt eine/n Partner/in brauchen, und hören Sie auf, sich Gedanken darüber zu machen, was Sie als nächstes tun werden.

Wenn Ihnen das gelingt, haben Sie und Ihr/e Partner/in die Möglichkeit, glücklich zu sein und die Liebe zu entdecken, anstatt sich in dem Versuch zu verfangen, etwas zu reparieren, das zerbrochen ist.

Beziehungen sollten das Beste in uns zum Vorschein bringen, uns helfen, zu wachsen und uns weiterzuentwickeln, und vor allem sollten sie uns helfen, unser wahres Selbst zu entdecken. Ihr Partner sollte Ihnen das Gefühl geben, sich wohl zu fühlen, wie ein Zuhause in der Ferne. Wenn Sie in einer Beziehung mit jemandem sind, der Ihnen nicht jeden Tag etwas gibt, worauf Sie sich freuen können, sind Sie mit der falschen Person zusammen.

Let it Go

My-mindguide.com

VORTEILE DES LOSLASSENS

Es ist viel darüber geschrieben worden, wie man eine Last loslässt, um sich zu erleichtern, oder wie man ein veraltetes Verhalten oder eine Gewohnheit loslässt, um eine neue und bessere anzunehmen. Vielleicht haben wir uns an das gewöhnt, was wir als großartig empfinden und was für uns funktioniert, so dass der Abschied nicht so einfach ist, wie es scheint. Das Loslassen lang gehegter Ansichten und Ideen kann sich anfühlen, als würden wir etwas Wertvolles verlieren, während wir in Wirklichkeit einem neuen, noch besseren Konzept Platz machen. Berücksichtigen Sie Folgendes:

- Das Loslassen negativer Gedanken und Gefühle ist wie der Abschied von einem schädlichen Giftes; unser Gehirn, unser Körper und unser Geist werden gesünder und produktiver.

- Das Freigeben einer gescheiterten und beschädigten Beziehung öffnet die Tür zu ungeahnten Möglichkeiten.

- Wenn Sie sich von abgetragener Kleidung oder einem Paar Schuhe trennen, können Sie sie durch etwas Passenderes und Attraktiveres ersetzen.

- Sich von einer festen, starren Routine zu lösen, während man vorhersehbar, sicher und bequem ist, ermöglicht mehr Freiheit, Flexibilität und Kreativität.

- Durch das Loslassen bestimmter materieller Güter, die gepflegt und verwaltet werden müssen, werden Zeit und Raum für andere, möglicherweise aufgeschobene Aktivitäten freigesetzt.

- Der Abschied von einem geliebten Menschen ist eine Feier des Lebens und eine Möglichkeit, die Erinnerungen an einen wichtigen Menschen in Ihrem Leben zu ehren.

- Das Freigeben der Vergangenheit ermöglicht es uns, uns auf das Jetzt zu konzentrieren und für die Zukunft zu planen.

Nach dem Loslassen treten eine Vielzahl an Phänomenen auf, die sich bei ganz verschiedenen Personen immer wieder beobachten lassen und bis zu einem gewissen Grad auch unabhängig davon sind, was genau man loslässt. Im Folgenden habe ich die häufigsten Phänomene zusammengefasst.

1. SIE ENTDECKEN DEN WERT IN ANDEREN DINGEN WIEDER

Wenn Sie einen schmerzhaften Umstand loslassen, können Sie einen Schritt zurücktreten und erkennen, dass Sie von Anfang an so viel mehr verdient haben. Bei einen Job aufgeben, der Sie unglücklich macht, können Sie erkennen, dass andere Karrieremöglichkeiten besser zu Ihnen passen. Sobald Sie jemanden freigeben, der Sie für selbstverständlich hält, können Sie in Menschen investieren, die Sie wertschätzen und Ihre Beziehungen bereichern.

2. SIE SCHÄTZEN ANDERE DINGE IN IHREM LEBEN.

Wenn Sie sich erlauben, das loszulassen, was Sie nicht kontrollieren können, können Sie die positiven Seiten des

Lebens sehen. Auch wenn die Dinge nicht so laufen wie geplant, gibt es immer etwas, wofür man dankbar sein kann. Eine toxische Beziehung hinter sich zu lassen, zeigt Ihnen die Menschen und Qualitäten, die Ihnen wichtig sind.

3. ERFORSCHEN SIE SICH SELBST, UM SICH WEITERZUENTWICKELN.

Sie werden Ihr wahres Selbst klarer sehen können, wenn Sie belastende Dinge loslassen. Wir können unsere Freude zerstören, indem wir uns an Menschen klammern, die nicht gesund für uns sind. Wenn wir nicht Abschied nehmen, werden wir daran gehindert, andere Verbindungen in unserem Leben zu erkunden, die uns neue Möglichkeiten bieten, zu wachsen und uns zu entwickeln. Veränderung erfordert einen ehrlichen Blick auf uns selbst und ein Weiterkommen, was viel einfacher ist, wenn man sich nicht gezwungen fühlt, jedes Detail seines Lebens zu kontrollieren.

4. AKZEPTANZ UND FRIEDEN FINDEN

Zu akzeptieren, dass etwas außerhalb unserer Kontrolle liegt, kann erhebend und heiter sein. Wenn Sie eine Situation vollständig akzeptieren und loslassen, hören Sie auf zu kämpfen, abzulehnen, sich Sorgen zu machen, zu manipulieren und zu viel nachzudenken. Stattdessen konzentrieren Sie Ihre Energie darauf, auf konstruktive und gesunde Weise voranzukommen. Infolgedessen sind Sie entspannt, friedlich und bereit, sich allem zu stellen, was das Leben für Sie bereithält.

5. SIE WERDEN NICHT MEHR KONTROLLIERT

Sie werden feststellen, dass, nachdem Sie ein giftiges Szenario hinter sich gelassen haben, es nicht mehr Ihre Zeit und

Aufmerksamkeit in Anspruch nimmt. Sie beschäftigen sich weniger damit, neue und interessante Erfahrungen lenken Ihre Gedanken ab und Sie haben ein Gefühl der Erleichterung, dass es Sie nicht mehr fest im Griff hat. Wenn Sie wirklich loslassen, werden Sie feststellen, dass Ihr Leben auf eine Art und Weise fantastisch, gesund und stressfrei ist, wie Sie es sich vorher nicht hätten vorstellen können.

Vorteile des minimalistischen Umfelds

Als ich erwachte, schien das Mondlicht durch die Fenster und warf silberne Schatten in den Raum. Als ich auf die Uhr schaute, die 3:30 Uhr anzeigte, schien die Luftmatratze ein wenig matschig zu sein. Wir versuchten, unser Haus zu vermieten. Alle Möbel und andere Gegenstände, die man verschenken konnte, waren schon weg und ein Teil wurde bereits in das neue Heim in Österreich geliefert. Der Rest wurde leider auf einer Mülldeponie entsorgt. Um die über 500 Quadratmeter große Villa zu entrümpeln, waren zwei riesige Lastwagen nötig. Vor der Übergabe wohnte ich dort eine Woche lang auf einer Luftmatratze, mit einem Heißwasserkocher, Ketchup und Eis im Kühlschrank. Natürlich gab es einen funktionstüchtigen Fernseher und Wi-Fi, also alles, was man braucht. Da dämmerte es mir: Weniger ist mehr. Wir können auf viele Dinge verzichten. Wir häufen Dinge an, geben dem Kauf als emotionale Befreiung nach, horten Dinge in Schränken, packen Schränke voll und kaufen weitere Möbel, um alles unterzubringen, was zu einem endlosen Kreislauf führt. In vielerlei Hinsicht kann sich das Loslassen als kathartisch erweisen.

1. Sie haben ein leichteres Gefühl. Wir tragen unser Hab und Gut auf unseren Schultern und auf unserem Rücken. Nein, ich spreche nicht von der physischen, sondern von der emotionalen Seite. Die überquellenden Schränke, die monatlichen Lagerkosten in der "klimatisierten" Einrichtung, die Kleidungsstücke, an denen noch Preisschilder hängen, die ungeöffneten Weingläser und die Schublade, die sich nicht öffnen lässt, sind alle auf dem Radar des Gehirns. Wir transportieren diese Dinge täglich als Fracht. Das Gewicht wird leichter, wenn man loslässt. Sie haben die Energie, weiter zu gehen, da die Last von Ihren Schultern genommen ist.

2. ***Sie können anderen helfen.*** Geben bringt einige der größten Freuden im Leben. Geben ist besser als Nehmen. Dinge, die Sie nicht brauchen, und sogar Dinge, von denen Sie glauben, dass Sie sie brauchen (es aber nicht tun), können anderen zugute kommen. Geben Sie Ihr Hab und Gut an eine Wohltätigkeitsorganisation Ihrer Wahl. Machen Sie jemand anderem eine Freude.

3. ***Sie können das Beste aus dem machen, was Sie haben.*** Seien Sie ehrlich, Sie werden die fünfzig Brettspiele, die Sie im Kellerschrank gesammelt haben, nie spielen. Man muss sie erst heraussuchen und abstauben, nur um dann festzustellen, dass ein wichtiger Gegenstand fehlt. Wenn Sie nur zwei Brettspiele haben, die gut aufbewahrt und griffbereit sind, werden Sie sich freuen. Wenn Sie weniger haben, aber gut organisiert sind, wissen Sie, wo Sie das geliebte Buch, die besondere Kaffeetasse oder das Geschenk von Oma finden.

4. ***Sie können Geld verdienen.*** Der Müll eines anderen kann ein wertvolles Gut sein. Beauftragen Sie einen lokalen

Händler, organisieren Sie einen Garagenverkauf oder verkaufen Sie online über verschiedene Websites. So können Sie Ihr Haus entrümpeln und Ihren Müll zu Geld machen.

5. *Sie beginnen, sich zu organisieren.* Wenn man die Dinge wegräumt, die man nicht braucht, schafft man mehr Platz. Die Dinge können dort platziert werden, wo sie hingehören. Die Küche gleicht dann nicht mehr dem Bermuda-Dreieck, in dem alles in den Schränken verstreut ist. Sie wissen genau, wo Sie den Eisportionierer und das seltsame Werkzeug für die Kartoffelchips suchen müssen.

6. *Sie sind ein sauberer Mensch.* Wenn Sie Ihren Kleiderschrank zum ersten Mal entrümpeln, sitzen Sie auf einem Haufen von Kleidung oder Kartons, aber während Sie entrümpeln, reinigen, erneuern und sterilisieren Sie ihn. Die Luft in einem aufgeräumten Haus wird sauberer sein, besser riechen und sich gesünder anfühlen.

Müssen Sie alle fünfzig Habseligkeiten der Großmutter aufbewahren? Ist der Gegenstand, den ich hier sehe, wichtig? Ist er im physischen Sinne notwendig? Kann ich ohne ihn leben? Sie werden Ihre Entscheidungen prüfen, ohne zu philosophisch zu werden. Was ist für mich am wichtigsten, und was brauche ich in Zukunft? Was hält die Zukunft für mich bereit? Zu diesem Thema wird es noch mehr geben. Entrümpeln Sie jetzt erst einmal.

KONTROLLE LOSZULASSEN KANN IHNEN HELFEN, DAS LEBEN ZU GENIESSEN

Es ist normal, den Drang zu verspüren, das Kommando zu haben. Das ist etwas, das wir uns alle wünschen, und wir fühlen uns am besten, wenn wir genau wissen, was in unserem Leben vor sich geht. Es ist jedoch wichtig, sich daran zu erinnern, dass wir nie in der Lage sein werden, alles zu kontrollieren. Wenn die Dinge nicht so laufen, wie wir es uns wünschen, erleben wir unangenehme Gefühle.

Es gibt zahlreiche Methoden, um die Freude am Leben zu steigern, aber das Loslassen der Kontrolle ist eine der einfachsten und greifbarsten. Warum sollten wir das tun und wo fangen wir an? Wir gehen auf alles ein, was Sie darüber wissen müssen, warum Sie aufhören sollten, jeden Aspekt Ihres Lebens kontrollieren zu wollen, und wie Sie das erreichen können.

Warum haben wir das Bedürfnis zu kontrollieren?
Das Bedürfnis, unsere Umgebung und Ereignisse zu kontrollieren, ist tief in unserer Psyche verankert. Je mehr wir über unsere Umgebung wissen, desto sicherer fühlen wir uns. Umgekehrt gilt: Je weniger wir wissen, desto mehr Angst

bekommen wir. Dem Bedürfnis nach Kontrolle liegt Furcht zugrunde - insbesondere vor dem, was passieren könnte, wenn wir die Kontrolle verlieren.

Wie sich Kontrollversuche negativ auf unser Leben auswirken

Es ist natürlich, dass man für alles zuständig sein möchte, aber das bedeutet nicht, dass es eine gute Idee ist. Der Versuch, alles zu managen, kann auf verschiedene Weise nach hinten losgehen. Schauen wir uns ein paar der beliebtesten an.

1. Gesteigerter Stress und Ängste

Wer sich bemüht, alles unter Kontrolle zu haben, wird eher gestresst und ängstlich sein. Der Blutdruck einer Person kann sich erhöhen, wenn sie sich außer Kontrolle fühlt, obwohl es ihr die Kontrolle wichtig ist.

Forschungsergebnissen zufolge leiden Personen, die das Gefühl haben, die Dinge kontrollieren zu müssen, stärker darunter, wenn die Dinge nicht wie geplant laufen, als Personen, die nicht das Gefühl haben, sie kontrollieren zu müssen.

2. Zufriedenheit nimmt ab.

Das Bedürfnis nach Kontrolle und das Fehlen dieser Kontrolle kann zu Unzufriedenheit führen.

Einer Studie zufolge "berichteten Probanden, die bei einer Messung des allgemeinen Kontrollbedürfnisses hohe Werte erreichten, über ein höheres Maß an Unbehagen und empfanden den Raum als überfüllter als Probanden, die beim Kontrollbedürfnis auf beiden Ebenen der Dichte niedrige Werte erreichten, über ein geringeres Maß an Unbehagen und empfanden den Raum als weniger überfüllt". Der Wunsch nach Kontrolle führte zu einem weniger angenehmen Umfeld für diejenigen, die ihm Priorität einräumten, als für diejenigen, die dies nicht taten.

3. Mehr Kritik

Da man nicht alles kontrollieren kann, kann eine zu starke Beschäftigung mit Dingen, die man nicht beeinflussen kann, dazu führen, dass man alles, was geschieht, zunehmend kritisiert. Wenn man die Ergebnisse, die man sich wünscht, nicht kontrollieren kann, ist es nur natürlich, dass man sie nicht mag.

Andererseits können wir durch mehr Kritik auch neurotischer werden und in eine unendliche Spirale geraten, in der wir mit unserem Leben immer unzufriedener werden. Andere zu kritisieren kann für depressive oder ängstliche Menschen schädlich sein und sie dazu bringen, sich selbst noch mehr zu verurteilen.

Was können Sie gewinnen, wenn Sie die Kontrolle aufgeben?
Wenn man bedenkt, wie schädlich der Drang nach Kontrolle für unser Leben sein kann, sollte es nicht überraschen, dass der Verzicht darauf viele Vorteile hat.

Ein Beispiel dafür ist Michael Singers Buch "The Surrender Experiment", in dem der Autor beschreibt, wie sich sein Leben verbesserte, nachdem er aufgehört hatte, alles kontrollieren zu wollen.

Nachfolgend angeführt sind einige Vorteile, die sich ergeben, wenn man den Kontrollzwang loslässt.

1. Mehr Ruhe und Entspannung

Befürworter und Anwender der von Singer beschriebenen Methode sprechen von größerer Gelassenheit und Ruhe, die sich daraus ergeben. Das macht Sinn, wenn man sich vergegenwärtigt, dass der Versuch, alles zu kontrollieren, zu Sorgen und Ängsten führt und dass Gelassenheit und Entspannung dem entgegengesetzt sind.

2. Die Bereitschaft für das Unerwartete wird verbessert

Wenn Sie nicht so sehr auf ein bestimmtes Ergebnis fixiert sind, können Sie besser damit umgehen, wie eine Situation ausgeht. Menschen, die ihre Kontrolle aufgegeben haben, können einfach mit allem umgehen, was das Leben ihnen zuwirft.

Sie sind besser in der Lage, mit dem Strom zu schwimmen, da sie weniger Anhaftung haben. Das bedeutet, dass es Ihnen gut gehen wird, egal was im Leben passiert, und dass Sie Ihr Wohlbefinden nicht von bestimmten Ergebnissen abhängig machen, die sich Ihrer Kontrolle entziehen könnten.

3. Verbesserte Verbindungen mit sich selbst und anderen

Genauso wie der Versuch, alles zu kontrollieren, Sie emotional verhärtet, ermöglicht Ihnen der Verzicht auf Kontrolle eine tiefere Verbindung zu anderen. Das liegt daran, dass Sie Ihre Selbstliebe und die Akzeptanz anderer nicht von bestimmten Ergebnissen abhängig machen.

Man kann freier lieben, wenn man die Menschen einfach so sein lässt, wie sie sind. Das gilt sowohl für die Liebe zu anderen als auch für die Liebe zu sich selbst.

Wie man die Kontrolle loslässt

Nehmen wir an, Sie haben festgestellt, dass es besser ist, sich wohlzufühlen und mit den Menschen verbunden zu sein, als ängstlich und kritisch zu sein. Wenn das der Fall ist, sind Sie sicher neugierig, wie Sie Ihren Wunsch nach Kontrolle loslassen können. Die folgenden Vorschläge werden Ihnen dabei helfen, diesen angenehmen Weg einzuschlagen.

Alles, was Sie tun können, damit Sie sich mit Ihrer mangelnden Kontrolle wohler fühlen, ist fantastisch. Es kann etwas Großes oder etwas Kleines sein, etwas, das Sie häufig oder nur bei Bedarf tun. Um Ihnen bei der Bewältigung Ihrer neuen Reise zu helfen, empfehlen wir Ihnen, eine der unten aufgeführten Ressourcen zu nutzen.

1. Erkennen Sie, was Sie kontrollieren können und was nicht

Es gibt keine Möglichkeit, die Kontrolle abzugeben, wenn Sie nicht erkennen, wo sie in Ihrem Leben gebraucht wird. Machen Sie eine Bestandsaufnahme Ihrer derzeitigen Situation. Überlegen Sie, welche Aspekte Ihres Lebens Sie kontrollieren und welche nicht.

Sobald Sie herausgefunden haben, welche Umstände in jede Kategorie passen, verpflichten Sie sich, mit den Umständen, auf die Sie keinen Einfluss haben oder haben werden, anders umzugehen als in der Vergangenheit. Dazu gehört auch, dass Sie sich von Ergebnissen distanzieren und andere anders behandeln, wenn sie sich nicht so verhalten, wie Sie es wollen.

Um weniger Angst vor den vielen möglichen Folgen zu haben, kann es gut sein, die Szenarien durchzudenken, auf die Sie keinen Einfluss haben. Tun Sie Ihr Bestes, um sich bei jedem einzelnen Szenario wohl zu fühlen, das dann weniger Einfluss auf Ihr Gemüt haben wird.

2. Achtsamkeit üben

Es geht darum, in der Achtsamkeit präsent zu sein. Präsent zu sein und alles Wunderbare so anzunehmen, wie es geschieht, wird Ihnen helfen, die Erfahrung der Hingabe zu machen. Sie ermöglicht es Ihnen, Ihre Emotionen zu kontrollieren, was besonders dann von Vorteil ist, wenn Sie unter einem Kontrollzwang leiden. Es verringert auch den Stress, der steigt, wenn der Drang nach Kontrolle wächst.

3. Tagebuch

Das Aufschreiben Ihrer Gefühle kann Ihnen helfen, sich zu entspannen und Stress abzubauen. Wenn Sie ein Tagebuch führen, können Sie vielleicht tiefer über Dinge nachdenken, als wenn Sie einfach so darüber nachdenken. Das Schreiben von Tagebüchern kann denjenigen helfen, die das Bedürfnis haben, die Kontrolle zu behalten, und ihnen ein Ventil für ihre Gefühle bieten, ohne dass diese sich verstärken und ausbreiten können.

4. Holen Sie sich Unterstützung von geliebten Menschen

Schließlich müssen Sie das nicht allein durchstehen! Es ist gut möglich, dass Sie mindestens einen geliebten Menschen haben, der versucht, jeden Aspekt Ihres Lebens zu kontrollieren. Sie können diese Person kontaktieren und ihr mitteilen, dass Sie auf einer Mission sind, Kontrolle und Macht abzugeben. Laden Sie sie ein, sich Ihnen anzuschließen, und treffen Sie sich dann regelmäßig mit ihr oder ihm, um Ihre Fortschritte zu besprechen.

Bitten Sie jemanden in Ihrem Leben um Unterstützung, der schon einmal die Kontrolle abgegeben und die damit verbundene Ruhe erlebt hat. Bitten Sie um Rat, bieten Sie Ihre eigenen Erfahrungen an und machen Sie sich Notizen, was sie getan haben.

Das Bedürfnis nach Kontrolle ist normal, aber es kann unser Leben auch verkomplizieren. Mit diesen Vorschlägen können Sie anfangen, ein glückliches Leben zu führen.

# WIE SIE ALLE UNORDNUNG IN IHREM LEBEN LOSLASSEN KÖNNEN.

Haben Sie Geschirr in der Spüle, Berge von schmutziger Kleidung, Decken und Kissen auf dem Boden verstreut, Schränke in Unordnung, zu viel Zeug in der Garage und eine unüberschaubare Menge an unbenötigten Gütern im Haus verstreut?

Wir leben in einer materialistischen Welt, die uns lehrt, dass wir umso glücklicher sein müssen, je mehr Dinge wir besitzen, während Unordnung in Wirklichkeit zu stagnierender Energie und übermäßiger Spannung führen kann.

Unkontrollierte Kaufimpulse, emotionale Bindung an Dinge, sentimentale Erinnerungsstücke, die Angst, etwas loszuwerden, und der Drang, sich an frühere Erinnerungen zu klammern, sind nur einige der Gründe, warum wir es vorziehen, unsere Besitztümer mit unseren Emotionen zu füllen.

Da es schwierig sein kann, Dinge wegzuwerfen, die Vergangenheit zu verlieren und die Zukunft aufzugeben, halten wir oft an Dingen fest, in der Hoffnung, dass sie eines Tages nützlich sein werden, aber in Wirklichkeit tragen sie zu unserem mentalen und emotionalen Stress bei.

Was ist Unordnung?

Unordnung ist laut Dictionary.com ein ungeordnetes oder mit Gegenständen überfülltes Chaos. Es kann sich auch auf einen Zustand oder eine Situation der Verwirrung beziehen.

Unordnung kann sich sowohl auf emotionalen und geistigen "Ballast" beziehen, aber auch auf materieller Grundlage.

Obwohl wir ein Wirrwarr in der Regel mit greifbaren Gegenständen in Verbindung bringen, kann geistige und emotionale Unordnung genauso viel Platz beanspruchen wie materielle Unordnung.

Zur Unordnung gehören alte Gewohnheiten, Groll, trübe Gedanken, turbulente Beziehungen, ausstehende finanzielle Verpflichtungen, eine zerbrochene Vase, unpassende Kleidung und alle anderen "Dinge", mit denen Sie zu tun haben.

Selbst die sauberste Wohnung kann durch Unordnung verstopft werden, so Kerry Thomas, eine Rednerin und professionelle Organisatorin, in einem kürzlich erschienenen TED Ideas Artikel. Ihre physischen Räume waren immer makellos, was angesichts ihrer Karriere nicht überrascht. Dennoch erzählt sie in diesem herzzerreißenden Artikel, dass sie sich selbst nach ihrer Genesung von einer großen Operation von Unordnung überwältigt fühlte. Es war allerdings nicht die physische Art.

"Mein Leben schien gut zu laufen und ich wurde viel gelobt", sagt Thomas, "aber ich war gefangen.". "Es gab eine Menge emotionalen Ballast in meinem Leben. Es war voller Ängste und Sorgen, wie zum Beispiel: "Was ist, wenn die Operation nicht funktioniert?" und "Was ist, wenn mein Herz wieder versagt?" Und dann ist da noch die Frage der Schuld. "Wie kommt es, dass ich noch hier bin, während andere es nicht sind?" fragte ich mich."

Wir fühlen uns nicht nur deshalb überfordert, weil unsere Schränke, Posteingänge oder Aufgabenlisten voll sind (obwohl das zweifelsohne ein wichtiger Faktor ist). Unsere Gedanken und unser Gewissen sind genauso unordentlich und stressig wie unser Körper. Im Folgenden werden die vier Hauptkategorien der Unordnung beschrieben:

Physische Unordnung.

Wir denken dabei an die üblichen Dinge - überfüllte Schränke, Garagen, die keinen Platz für Fahrzeuge bieten, Lagerräume, die sich allein in den Vereinigten Staaten zu einem Multimilliarden-Dollar-Geschäft entwickelt haben.

Geistige Unordnung.

Das "können Ihre Sorgen sein, Ihre Aufgabenliste, die Nachrichten oder alles andere, was Sie nachts wach hält".

Definiert werden kann geistige Unordnung als "ein Mangel an Vergebung oder Frieden" definiert.

Die Beseitigung dieser anderen, weniger greifbaren Unordnung erfordert, ebenso wie die Beseitigung der physischen Unordnung, viel Fleiß und emotionale Anstrengung.

Die materiellen Dinge müssen Sie einpacken, eintüten und zu einem Spendenzentrum, zum Bordstein oder zu einem anderen Ort bringen, an dem Sie sie loswerden können. Für die anderen Arten von Unordnung müssen Sie etwas unternehmen, z. B. mit einem engen Freund sprechen, in die Natur gehen, meditieren oder schreiben. Anders ausgedrückt: Tun Sie etwas, gehen Sie voran, treffen Sie eine Entscheidung und unternehmen Sie etwas, egal wie klein. Der Kosmos wird Sie mit einem Anstoß belohnen.

Andere Dinge, die als Unordnung betrachtet werden könnten, sind zum Beispiel:
- Hat keinen Platz zum Herumliegen
- Es hat keinen Zweck mehr für Sie
- Ist kaputt oder reparaturbedürftig
- Ist unordentlich
- ist unorganisiert oder chaotisch
- stagniert
- Es ist schwierig geworden, es zu verwalten

Emotionale Unordnung.

Negative Gewohnheiten und Überzeugungen, von denen Sie nicht einmal wissen, dass Sie sie mit sich herumtragen, machen diese Form von Unordnung aus, zu der auch "Kann-nicht-Aussagen" wie "Ich kann nicht abnehmen" oder "Ich kann meinen Job nicht kündigen und mein eigenes Unternehmen gründen." gehören können.

Wir alle erleben Emotionen, mit denen wir nicht immer gut umgehen können.

Gefühle wie Groll oder Zorn, Verlust, Angst oder Besorgnis, Schuldgefühle oder Reue sind Beispiele für "emotionales Durcheinander".

Die Erforschung menschlicher Emotionen ist nach Ansicht der Psychologen keine exakte Wissenschaft. Die Selbsterkenntnis des Zusammenspiels von Körper und Geist wird weithin als Ausgangspunkt für den Umgang mit eindringenden Gefühle akzeptiert. Es kann einfacher sein, den Einfluss von emotionalem Durcheinander zu vermeiden, wenn wir in der Lage sind, die verschiedenen Arten von emotionalem Wirrwarr zu erkennen, die sich in unseren Köpfen befinden.

Es lohnt sich, darüber nachzudenken, wie Emotionen unser Leben beeinflussen. Unsere primären Gefühle sind die emotionalen Reaktionen, wenn wir mit einer Situation konfrontiert werden. Ihnen folgt häufig ein weiteres Gefühl, das mehr geschützt ist. Manchmal sind wir uns nur des sekundären Gefühls bewusst. Das kann die Wut sein, hinter der sich eine tiefere Angst verbirgt, die Scham, hinter der sich die Trauer verbirgt, oder die Angst, hinter der sich eine tiefere Furcht verbirgt.

Diese emotionalen Reaktionen wirken sich direkt auf das aus, was als Nächstes in unseren Interaktionen mit der Welt und anderen Menschen geschieht. Sekundäre Emotionen erzeugen häufig ein emotionales Durcheinander, das es schwierig macht, Probleme zu lösen oder Entscheidungen zu treffen. Diese tieferen Schichten von Empfindungen sind uns oft nicht bewusst. Dennoch haben sie das Potenzial, unser Leben maßgeblich zu beeinflussen.

Was ist emotionale Unordnung?
Wie viele dieser Gedanken sind Ihnen schon durch den Kopf gegangen?

"Ich sollte mehr _______ sein."

"Ich bin so überwältigt."

"Ich kann nicht mit allem umgehen, was ich zu tun habe."

"Ich werde nicht gewürdigt."

"Ich mache hier alles."

"Er sollte wissen, wie ich mich fühle."

"Ich bin eine schlechte [Mutter/Partner/Geschwister/Freunde]".

"Ich kann das nicht tun." (was auch immer das in Ihrer Situation ist)

"Meine Kinder verdienen jemand besseren."

"Ich verliere meinen Verstand!"

"Ich habe keine Selbstbeherrschung."

"Ich bin nicht [selbstbewusst, erfolgreich, klug oder dünn] genug".

Diese bezeichne ich als "emotionales Durcheinander".

Die ständigen negativen Gedanken über uns selbst, unser Leben und andere sind emotionaler Ballast.

Emotionale Unordnung zieht uns ebenso wie physische Unordnung nach unten. Auch wenn Sie sich leichter und freier fühlen, wenn Sie Ihr physisches Gerümpel loswerden; es wird Ihnen dieses Gefühl hundertfach geben, wenn Sie Ihr emotionales Durcheinander beseitigen.

Überlegen Sie, was Sie erreichen könnten, wenn Sie die typischsten negativen Skripte in Ihren Gedanken loslassen oder umschreiben würden. Überlegen Sie, wie sich das täglich auf Ihre GEFÜHLE auswirken könnte.

Das Problem ist, dass negative Ideen sehr ansprechend für Ihr Gehirn sind.

Man hat sich so sehr daran gewöhnt, sie zu denken, dass sie einem wie Tatsachen über sich selbst oder die Menschen in seinem Leben vorkommen und nicht mehr nur wie Ideen.

Nehmen wir an, Sie sind auf einer Wanderung.

Stellen Sie sich den Weg vor, den Sie einen Berg hinuntergehen würden. Dieser Weg wird immer deutlicher, je weiter Sie gehen.

Sie verdichten die Erde und zertrampeln einen Teil des Unterholzes, so dass es viel einfacher ist, dem Pfad bei der nächsten Wanderung zu folgen.

So funktionieren auch unsere Gehirne: Je mehr Sie über etwas nachdenken, desto klarer wird der Weg in Ihrem Gehirn.

Die gute Nachricht: Wir können die negativen Pfade ändern, indem wir uns bewusst werden und uns wiederholen. Mit unserer neu gewonnenen Freiheit können wir uns einen neuen Weg den Berg hinunter bahnen.

Die Schwierigkeiten des Lebens können eine Menge Turbulenzen verursachen und es schwierig machen, den Überblick zu behalten. Wenn wir mit Schwierigkeiten konfrontiert sind, werden wir auch mit einer Vielzahl von Optionen, Gefühlen und Ideen konfrontiert, die unser Urteilsvermögen vernebeln oder es schwierig machen, sie zu verarbeiten. Wir müssen lernen, unseren emotionalen Raum zu entrümpeln und uns auf den Kern dessen zu besinnen, wer wir sind und was wir wollen, um ein glücklicheres, gesünderes und zufriedeneres Leben zu führen.

Es ist nicht gesund, sich von emotionalem Ballast ablenken zu lassen oder dadurch zu entgleisen. Sie können Ihren wahren Kern wiederfinden, indem Sie die Menschen, Situationen und Gefühle loslassen, die Ihnen keine Freude, Zufriedenheit oder Unterstützung mehr bieten. Richten Sie Ihre Aufmerksamkeit wieder auf die Dinge, die heute und in Zukunft wirklich wichtig sind. Finden Sie den Mut und die Kraft, Ihr Leben aktiver zu gestalten. Entrümpeln Sie Ihren Geist und Ihre Gefühle für ein freieres Leben, das mehr Ihrem wahren Ich entspricht.

Es ist leicht, sich in dem Durcheinander zu verlieren. Das Chaos des Lebens ist oft überwältigend und kann uns von unseren eigentlichen Zielen distanzieren. Anfragen von Freunden und Familie und berufliche Anforderungen können sich häufen. Wenn man dies mit dem zusätzlichen Stress und den Belastungen des heutigen Lebens kombiniert, ist es leicht, die Orientierung zu verlieren und nach einem Ausweg zu suchen.

Anstatt im Dunkeln herumzustolpern, müssen Sie lernen, Ihr Leben von emotionalem Ballast zu befreien. Wenn Sie die Dinge loslassen, die Ihnen nicht mehr dienlich sind, und sich wieder mit dem Herzen dessen verbinden, was Sie sind, können Sie einige unglaublich tiefgreifende innere Veränderungen erleben, die zu mehr Kraft und Freude führen.

Erlauben Sie sich, die Extreme loszulassen und Schritte zu unternehmen, um sich wieder mit Ihrem wahren Selbst zu verbinden. Beginnen Sie, sich von denjenigen zu trennen, die Ihre Lebensqualität beeinträchtigen, indem Sie Ihre Gedanken und Ihr Vergnügen vereinfachen. Wir wurden nicht auf dieser Erde erschaffen, um durch das Leiden und die Instabilität anderer belastet zu werden. Nehmen Sie Ihr Schicksal selbst in die Hand und widerstehen Sie dem Drang, andere zu beeindrucken.

Anzeichen dafür, dass Sie emotional belastet sind.

Fühlen Sie sich auf dem Meer treibend, ohne Sinn und Zweck? Haben Sie schlechte Bewältigungs- und Verdrändungsmethoden, die Ihr Familien- und Privatleben weiter beeinträchtigen? All dies sind Anzeichen dafür, dass Sie mit einer emotionalen Verstopfung zu kämpfen haben.

1. Von den Extremen ausgehend

Nehmen Sie sich einen Moment Zeit, um Ihre Gefühle zu analysieren. Wie hoch ist Ihre aktuelle emotionale Temperatur? Wenn Sie ständig "nervös" oder angespannt sind, könnte Ihr emotionaler oder mentaler Raum mit Dingen verstopft sein, die dort nicht sein sollten. Stimmungsschwankungen sind eine typische Technik unseres Geistes, um uns zu erziehen oder irgendwie einen Warnruf auszustoßen, dass etwas nicht stimmt, und sie sind oft das erste Anzeichen dafür, dass etwas nicht stimmt.

2. Sich selbst verlieren

In welcher Phase des Lebens befinden Sie sich gerade? Könnten Sie in 5 Sekunden ausdrücken, wer Sie sind, wenn Sie jemand fragt? Viele von uns wissen gar nicht, wer wir sind. Infolgedessen wissen wir nicht, was wir von unserem Leben, unseren Beziehungen oder unserer beruflichen Laufbahn erwarten. Wenn man aus den Augen verloren hat, wer man ist und was man will, erscheinen selbst die wichtigsten Dinge schwer fassbar. Man tappt im Dunkeln und weiß nicht, wohin man gehen soll.

3. Es wird nie besser.

Wenn wir den Mut haben, unseren Gefühlen Beachtung zu schenken, liefern sie eine Fülle von Informationen. Wenn Sie sich hoffnungslos oder völlig enttäuscht fühlen, dann liegt das daran, dass Ihre Gefühle Sie warnen, dass Sie auf dem falschen Weg sind. Es ist nicht normal, dass Sie in Ihren Beziehungen, Freundschaften, an Ihrem Wohnort, bei Ihrer Arbeit usw. unglücklich sind. Es ist auch ungesund, ständig negative Ideen, Einstellungen, Ansichten oder Verhaltensweisen zu haben.

4. Den Kern in Frage stellen

Ertappen Sie sich dabei, dass Sie alles, was Sie tun, in Frage stellen? Oder jede Entscheidung, die Sie treffen? Hinterfragen ist eine subtile Methode, um uns auf Probleme in unserem Leben aufmerksam zu machen. Wenn wir an uns selbst zweifeln, dann meist, weil wir uns falschen Entscheidungen bewusst sind oder weil wir glauben, dass wir uns immer weiter von den Dingen entfernen, die uns Freude machen.

5. Betäubendes Verhalten

Untreue, Alkoholismus, Glücksspiel und Drogenkonsum können allesamt Symptome dafür sein, dass Sie es vermeiden, sich mit den zugrunde liegenden Schwierigkeiten in Ihrem Leben auseinanderzusetzen. Wenn wir unzufrieden sind, tun wir alles, um unsere Gefühle zu verbergen. Dazu gehört, dass wir den Schmerz unterdrücken und unsere Aufmerksamkeit durch schädliches Verhalten und Beziehungen ablenken, die unser langfristiges Wohlbefinden gefährden.

6. Die Verbindung kappen

Fühlen Sie sich völlig abgeschnitten von dem Leben, das Sie sich geschaffen haben, und von den Menschen, mit denen Sie sich umgeben haben? Haben Sie das Gefühl, dass Sie und Ihr Partner sich aus den Augen verloren haben oder dass Sie den falschen beruflichen Weg eingeschlagen haben? Die völlige Trennung von Ihrem Leben ist in der Regel ein Zeichen dafür, dass Sie das Schloss eines anderen gebaut haben. In solchen Momenten ist es an der Zeit, einen Schritt zurückzutreten und darüber nachzudenken, wer Sie im Kern sind und was Sie im Leben wollen.

WOHER DAS GANZE DURCHEINANDER KOMMT.

Unordnung taucht nirgendwo auf. Angesichts des Stresses und des Drucks unserer Freunde, unserer Familie und sogar der anhaltenden Ängste unserer Vergangenheit sammeln wir emotionales, geistiges und mentales Durcheinander an.

1. Sie haben sich selbst aus den Augen verloren.
Es ist allzu leicht, von den Verantwortlichkeiten im Leben und in unserem Beruf überwältigt zu werden. Je mehr Verantwortung man übernimmt, desto einfacher wird es, kleine Teile von sich selbst aufzugeben ... bis man sich mit einem Fremden an einer Weggabelung wiederfindet und nicht weiß, welchen Weg man einschlagen soll. Um ein glückliches Leben zu führen, müssen wir zuerst verstehen, wer wir sind, und dann furchtlos unsere Ziele verfolgen.

2. Sie laufen vor dem Schmerz weg.
Der niemals endende Marathon, den wir laufen, um unserem Leiden zu entkommen, ist einer der häufigsten Gründe dafür, dass wir in einem überfüllten mentalen Albtraum leben. Unsere früheren Traumata schaden uns weiterhin, also versuchen wir alles mögliche, um diese Emotionen zu begraben und sie zu vergessen. Doch egal, unter wie vielen "Dingen" wir sie verstecken, sie verschwinden nicht.

3. Sie verlassen sich übermäßig auf das Bekannte.

Entgegen der landläufigen Meinung ist es nicht gut, es sich (in einer Beziehung oder sogar in einer Familie) zu bequem zu machen. Wenn wir es uns zu bequem machen, verlieren wir unsere Fähigkeiten und Interessen aus den Augen, die uns einen eigenen Charakter verleihen. Je mehr man sich auf das Vertraute verlässt, um sich zu trösten, desto mehr wird man in seinem Leben den Ballast anderer Menschen anhäufen. Es besteht die Gefahr, dass man im Leben auf Autopilot läuft.

4. Sie haben einen zwanghaften Drang zur Perfektion.

Diejenigen, die einen überfüllten emotionalen Raum haben, fühlen sich häufig gezwungen, übermäßig zu funktionieren. Dies rührt von dem Bedürfnis her, sich angesichts ihrer Ängste zu beweisen, und von dem Wunsch, "dazuzugehören". In Wirklichkeit ist das alles nur ein Ablenkungsmanöver; sie versuchen, die Qualen ihrer Vergangenheit und die echten Gefühle, die sie im Innersten verzehren, zu vermeiden.

5. Sie sind auf der Suche nach einem Retter.

Wir sind die Einzigen, die die Möglichkeit haben, die Richtung unseres Lebens zu lenken oder zu ändern. Wenn Sie dies nicht erkennen, werden Sie in den Graben fallen und nach einer Rettung suchen. Man verliert sich selbst aus den Augen, weil man seine Fähigkeiten nicht erkennt, bis nichts mehr von Wert übrig ist. Man verschwindet und erwartet, dass jemand etwas tut, was nur man selbst hätte tun können.

6. Sie wollen ständig anderen gefallen.

Fühlen Sie sich gezwungen, andere zufrieden zu stellen, sei es die Familie, Kollegen oder sogar Fremde? Je mehr Sie sich in den

Dienst anderer stellen, desto wahrscheinlicher ist es, dass Sie sich selbst aus den Augen verlieren. Es ist ein heikles Gleichgewicht, aber denken Sie daran, dass Ihre persönlichen Bedürfnisse genauso wichtig sind wie die von anderen Menschen.

Häufige Auftretende Fälle von emotionaler Unordnung

Emotionale Unordnung ist ein Thema, das selten diskutiert wird. Es ist einfacher, sich auf die materiellen Dinge in unseren Häusern zu konzentrieren. Da jedoch die hartnäckigen Emotionen jeden Aspekt unseres Lebens beeinflussen, ist es wichtig, über emotionale Unordnung zu sprechen.

Emotionales Durcheinander kann schwer zu bewältigen sein. Jeder Mensch hat seine eigenen Lebenserfahrungen gemacht. Das Erkennen unserer Ideen und Gefühle erfordert Selbsterkenntnis, bevor wir sie überwinden können.

Viele dieser Gefühle manifestieren sich in Ihrem Haus als physische Unordnung. Entscheiden Sie sich, emotionalen Ballast loszulassen, um Ihren Blickwinkel zu verändern und Ihr Leben zu verbessern.

Es ist in Ordnung, unangenehme Gefühle zu erleben. Sie sind ein unvermeidlicher Teil des Lebens und der Fähigkeit zu fühlen. Wir dürfen sie weder leugnen noch abtun. Aber wir wollen auch nicht in der Falle sitzen und ständig über sie nachdenken.

Die häufigsten Arten von emotionaler Unordnung, die wir haben, sind unten aufgeführt.

1. Furcht und Angst

Angst und Furcht können Sie lähmen. Da wir uns nicht gerne unwohl fühlen, ist es nur natürlich, dass wir Herausforderungen oder dass wir uns aus unserer Komfortzone herauszuwagen vermeiden.

Die schönsten Dinge im Leben finden sich jedoch oft auf der anderen Seite der Ängste.

Wir sitzen in der Falle, wenn wir uns nicht erlauben, unsere Sorgen zu verarbeiten und zu überwinden.

Ich wusste, dass ich über meine Komfortzone hinausgehen würde, als ich meine Reise als Autor begann, und ich hatte Recht! Ich habe gelernt, Unannehmlichkeiten als Teil des Lebens zu akzeptieren und genieße es mittlerweile, da es der einzige Weg zum Fortschritt ist.

Ihre Ziele sollten so wichtig für Sie sein, dass sie Sie zu der Konfrontation mit Bedenken zwingen. Sie müssen so verzweifelt nach dem Ziel streben, dass Sie bereit sind, das in Kauf zu nehmen. Vielleicht ist Ihr Ziel, Ihre Beziehung zu verbessern. Offen und ehrlich zu sein, mag beängstigend sein, aber die Vorteile überwiegen die Risiken.

Wie bereits erwähnt kann sich das Grauen auch oft über das physische Durcheinander manifestieren. Ängste und Sorgen können sich in Form von materieller Unordnung manifestieren. Einer der Gründe, warum Sie an Unordnung festhalten, ist Angst. Vielleicht befürchten Sie, dass Sie den Gegenstand in der Zukunft wieder brauchen könnten oder dass Sie es bereuen werden, ihn loszuwerden. Sie müssen sich mehr nach den Vorteilen eines Hauses ohne Unordnung sehnen als nach Ihrer Angst, loszulassen.

2. Schuld und Scham
Es ist schwierig, die Vergangenheit loszulassen. Beim Gedanken an vergangene Fehler fühlen wir uns vielleicht schuldig oder

schämen uns. Keines dieser Gefühle ist hilfreich. Sie geben uns ein Gefühl der Wertlosigkeit und ziehen uns nur nach unten.

Es bringt nichts, sich mit der Vergangenheit zu beschäftigen. Stattdessen verschlechtert es die Gegenwart. Entscheiden Sie sich dafür, frühere Fehler loszulassen und sich darauf zu konzentrieren, in Zukunft bessere Entscheidungen zu treffen.

Machen Sie Ihre Identität nicht von dem abhängig, was Sie getan haben. Sie können es ändern.

Ein anderer Weg, wie sich Schuldgefühle manifestieren, ist das Füllen unserer Kalender. Wir haben ein schlechtes Gewissen, wenn wir nein sagen, also nehmen wir zu viele Verpflichtungen auf uns und versuchen, alles für alle Menschen zu tun. Burnout ist eine häufige Folge davon.

Wenn sich die Reue in Form von körperlicher Unordnung manifestiert.

Wenn wir Dinge bekommen, die wir nicht wollen, manifestiert sich unsere Scham in Form von körperlicher Unordnung. Erkennen Sie, dass das Geschenk für Ihr Leben von Nutzen war. Wenn nicht, handelt es sich um Gerümpel, und es ist an der Zeit, es loszuwerden. Menschen, denen Sie wichtig sind, wollen nicht, dass Sie sich schuldig fühlen, weil Sie Geschenke behalten.

3. Wut und Bitterkeit

Wut ist ein schwieriges Gefühl. Die Gründe für unsere Wut sind häufig gerechtfertigt, doch wenn wir in unserem Ärger verharren, selbst wenn sie gerechtfertigt ist, schadet uns das auf lange Sicht mehr.

Das Leben ist viel zu kurz, um es mit Ärger und Groll zu vergeuden. Wenn sie beschließen, die Dinge loszulassen, wird sich ihr Leben plötzlich verbessern.

Es geht nicht darum, ob die Person, auf die Sie wütend und verärgert sind, es verdient hat oder nicht.

Es geht darum, emotionalen Ballast loszulassen, damit Sie Ihr gesündestes und glücklichstes Selbst sein können.

4. Bedauern

Schuldgefühle und Demütigungen haben gewisse Parallelen zum Bedauern. Sie ist häufig mit der Weigerung verbunden, vergangene Entscheidungen loszulassen. Wir beklagen die Tatsache, dass wir bei irgendetwas gescheitert sind oder dass wir es nie versucht haben. Wir wünschen uns, wir könnten in der Zeit zurückgehen und die Dinge anders machen.

Vielleicht können Sie die Dinge unter bestimmten Umständen ändern. Vielleicht ist noch Zeit, etwas Neues auszuprobieren oder sich zu entschuldigen. Aber auch wenn das nicht der Fall ist, können Sie sich dafür entscheiden, es sein zu lassen.

Bedauern zieht Sie nur nach unten. Das Beste, was sie tun können, ist, aus ihren Fehlern zu lernen, die Vergangenheit hinter ihnen zu lassen und weiterzumachen.

Teilweise können Gewissensbisse zu einer körperlichen Plage werden.

Wenn man sich an teure Produkte nur des Geldes wegen klammert, die man nicht benutzt, kann sich das Bedauern als physische Unordnung manifestieren.

Vielleicht haben Sie geglaubt, dass Sie es gut gebrauchen können. Es schien Ihr Leben zu verbessern, aber das tat es nicht. Dann fällt es Ihnen wegen des Geldes schwer loszulassen. Fakt ist allerdings, dass das Geld bereits ausgegeben wurde und dass diesen nicht mehr nachgetrauert werden sollte.

Behalten Sie kein greifbares Andenken an Ihre schlechten Entschlüsse, um sich daran zu erinnern.

Entscheiden Sie sich, den Fehler zu vergessen und sich auf die Lektion zu konzentrieren. Klammern Sie sich nicht an Ihr Bedauern.

5. Verleugnung

Dieses Gefühl ist schwer zu überwinden, da man es erst einmal verarbeiten muss und da es bei der Verleugnung darum geht, so zu tun, als ob etwas nicht vorkommt.

Es mag schwierig sein, das Leben zu akzeptieren, wie es ist. Aber man kann nicht an etwas arbeiten, das man nicht akzeptieren will.

Sie werden nie zufrieden sein, wenn Sie Ihr ganzes Leben damit verbringen, anderen die Schuld zu geben und sich wie ein Opfer zu verhalten. Sie werden sich machtlos fühlen.

Da Sie niemanden beeinflussen können, ist das Wichtigste Ihre eigene Rolle in Ihrem Leben zu erkennen und anzupassen.

Versuchen Sie nicht, Ihre Grenzen oder Umstände zu verbergen. Jeder von uns hat die gleiche Anzahl von Stunden an einem Tag: 24. Akzeptieren Sie die Realität.

Auch die Verleugnung kann sich in physischer Unordnung manifestieren.

Wenn wir Dinge aus unserer Vergangenheit aufbewahren, die für unser gegenwärtiges Leben keine Bedeutung haben, manifestiert sich die Verleugnung als physische Unordnung. Wir bewahren Kleidung aus der Zeit vor der Geburt unserer Kinder auf, die nicht mehr passt, und heben Möbel für eine größere Wohnung auf. Wir sparen Dinge für ein Leben, das wir gerne hätten, und nicht für das, das wir jetzt haben.

Erkennen und akzeptieren Sie Ihre aktuelle Lebenssituation. Selbsterkenntnis ist der erste Schritt zur Übernahme von Verantwortung für Ihr Handeln. Seien Sie ehrlich zu sich selbst, und tun Sie nicht so, als ob Sie die Wahrheit nicht kennen würden.

6. Traurigkeit

Es ist schwierig, die Traurigkeit loszuwerden. Loslassen ist nicht immer einfach, wenn das Leben einem einen Strich durch die Rechnung macht. Es gibt eine Zeit für Trauer und nicht alles Traurige kann ignoriert werden.

Wenn Sie einen geliebten Menschen verloren haben, fühlen Sie sich vielleicht ständig traurig. Das ist nichts, was man einfach so vergessen kann. Und es ist in Ordnung, wenn man erst mit kleinen Schritten anfängt.

Es kann sehr hilfreich sein, Ihre Gefühle und Ideen mit einem vertrauenswürdigen Freund oder Berater zu besprechen.

In anderen Fällen hängt die Trauer damit zusammen, dass wir uns weigern, die Vergangenheit loszulassen. Wir sind vielleicht enttäuscht über verpasste Chancen oder zerbrochene Beziehungen. Wir scheinen nicht in der Lage zu sein, unseren Schmerz und unsere Verzweiflung loszulassen.

Wenn sich die Melancholie in Form von körperlicher Unordnung manifestiert, klammert man sich oft an Dinge. Vielleicht ist eine wichtige Person in Ihrem Leben verstorben. Vielleicht klammern Sie sich auf Grund einer sentimentalen Beziehung an ihre Besitztümer. Die Erfahrungen, die Sie mit dieser Person gemacht haben, werden Ihnen noch lange in Erinnerung bleiben. Um sich an jemanden gut zu erinnern, muss man nicht seine Sachen aufbewahren.

Unordnung tritt häufig in akuten Situationen von Melancholie auf, die sich zu einer Depression entwickelt haben können. In Studien wurde ein Zusammenhang zwischen Depressionen und Unordnung festgestellt.

7. Entmutigung und Selbstzweifel
Das Leben ist unberechenbar. Es ist allzu leicht, sich selbst zu verurteilen und Dinge über sich selbst zu glauben, die nicht wahr sind.

Vergleichen Sie sich nicht mit anderen. Unzufriedenheit und Neid können in den sozialen Medien gedeihen. Erkennen Sie die Unwahrheiten, die Ihnen durch den Kopf gehen und ersetzen Sie sie durch die Wahrheit.

Sie haben es verdient. Sie sind ausreichend.

Unsere Vorstellungen erlegen uns Grenzen auf. Wir werden klein leben, wenn wir uns selbst in Frage stellen und klein denken. Lassen Sie niemals zu, dass Ihre einschränkenden Überzeugungen Ihr Handeln bestimmen.

Erlauben Sie sich, große Träume zu haben. Glauben sie an sich und ihre Fähigkeiten.

8. Überwältigung und Unentschlossenheit
Überwältigung kann, wie auch Angst, unseren Fortschritt aufhalten. Der erste Instinkt vieler Menschen bei Überwältigung ist, nichts zu tun. Das hindert Sie daran, voranzukommen oder zu handeln.

Wenn Sie überlastet sind, fühlen Sie sich vielleicht unentschlossen. Stress macht es schwierig, Entscheidungen zu treffen, zumindest, wenn es um gute Entscheidungen geht.

Vielleicht fühlen Sie sich von Ihrem Leben als Ganzes überfordert, weil Ihr Kalender zu voll ist. Es kann entmutigend sein, wenn wir nicht genug Spielraum haben und von einem Punkt zum nächsten hetzen. Schützen Sie Ihren Terminkalender, damit Sie sich nicht überwältigt fühlen.

Wir schalten ab, wenn wir überfordert sind, mit dem physischen Durcheinander fertig zu werden, dadurch entsteht Unordnung. Entwickeln Sie eine Strategie und ergreifen Sie kleine Maßnahmen, um dem entgegenzuwirken. Beginnen Sie mit kleinen Entscheidungen und arbeiten Sie sich zu größeren vor, wenn es Ihnen schwerfällt, sich zu entscheiden.

Vorteile des Loslassens von emotionalem Ballast
Wenn man bedenkt, was wir alle schon erlebt haben, könnten wir von einer mentalen und emotionalen Entrümpelung unserer Gedanken und Gefühle profitieren. Erkennen Sie die Kraft des Loslassens und der Öffnung, um ein besseres Gefühl der Gelassenheit und Klarheit zu erlangen.

1. Gesteigerte Konzentration
Die Entrümpelung unseres emotionalen Gepäcks ist so therapeutisch, dass sie unseren geistigen Raum freimacht. Das

hilft uns, uns zu konzentrieren und Entscheidungen zu treffen. Wie unser Leben und unsere Häuser hat auch unser Gehirn nur eine begrenzte Menge an Platz. Wenn wir uns erlauben, das Negative und Giftige loszulassen, können wir uns auf die positiven Aspekte unseres Wesens und unserer kognitiven Talente konzentrieren.

2. Größeres Gefühl der Ruhe

Wenn Sie endlich anfangen, die negativen Dinge und Menschen in Ihrem Leben loszulassen, werden Sie sofort ein Gefühl der Gelassenheit und Ruhe verspüren. Ihre Neurosen können nachlassen und Sie schlafen vielleicht besser. Sie könnten sogar feststellen, dass Sie tagsüber mehr Energie für Aktivitäten haben, die Sie früher gerne gemacht haben. Das Entrümpeln unseres Gefühlslebens bringt ein tiefes Gefühl der Ruhe.

3. Die Vergangenheit loslassen

Die Vergangenheit kann zwar eine wertvolle Lektion sein, aber das emotionale Festhalten an ihr ist giftig und selbstzerstörerisch. Es ist unmöglich, die Vergangenheit zu ändern. Wir können nur versuchen, zu vermeiden, dass sie sich wiederholt. Wenn Sie lernen, sich von der Negativität zu trennen, werden Sie erkennen, dass Sie die Lehren, die Sie aus der Vergangenheit ziehen müssen, dort begraben können, wo sie hingehört. Es ist unmöglich, sie zu ändern, aber sie hat Sie bereits verändert. Erlaube ihr zu gehen.

4. Ihre Emotionen verstärken

Wenn Sie den Giftmüll in Ihrem Leben loswerden, kann das Ihren Gefühlen und Ihrer emotionalen Gesundheit einen erheblichen Schub geben. Viele unserer Stimmungsschwankungen und

Ausbrüche sind unausgesprochener Ausdruck von Problemen, denen wir uns nicht stellen. Wir befreien uns selbst, um fröhlich zu sein, wenn wir endlich tief durchatmen und diese schlechten Seiten von uns und unserem Leben mutig angehen.

5. Konzentration auf das Wesentliche

Ihr Leben und Ihr Geist werden mehr Platz für die Dinge haben, die wichtig sind, wenn Sie sich von all dem "Gerümpel" trennen. Denken Sie an diejenigen, die Sie lieben und unterstützen, sowie an finanziell befriedigendere und sinnvollere Arbeitsmöglichkeiten. Unser ätherisches Leben hat nur eine bestimmte Menge an Platz und es liegt an uns, ihn nur mit dem zu füllen, was uns während unserer Zeit auf dieser Erde Bedeutung und Freude bereitet.

Methoden zum Loslassen von emotionalem Durcheinander

Wenn Sie Ihre Gefühle in sich hineinfressen, fühlen Sie sich vielleicht in der Vergangenheit gefangen. Sie können diese unterdrückte Energie jedoch in ein angenehmeres Leben lenken, indem Sie diese Emotionen auflösen.

Wir müssen uns regelmäßig mit unseren Gefühlen auseinandersetzen und die nutzlosen Ängste loswerden, die unser Gehirn plagen. Das nennt man "emotionale Entrümpelung" und es ist eine fantastische Methode, um den Kopf frei zu bekommen. Wenn Emotionen unterdrückt werden, kommt es in der Regel zu Angst und Verzweiflung. Deshalb ist es wichtig, dass Sie Ihre Gedanken entrümpeln, um einen neuen Anfang zu machen.

Betrachten Sie ungelöste Schwierigkeiten als gefangene Energie, die uns daran hindert, ein besseres, erfüllteres Leben zu führen. Wir werden mehr Energie haben, um das Leben aufzubauen, das wir uns wünschen, wenn wir mehr Zeit damit verbringen, an uns selbst zu arbeiten, uns zu erlauben, zu fühlen, und dann schlechte Gefühle loszulassen.

Sie müssen sich nicht für den Rest Ihres Lebens in emotionalem Durcheinander verlieren. Einfache Maßnahmen wie Vereinfachung, das Streben nach Vergnügen und das Trennen von Dingen, die Ihnen nicht mehr dienen, können Ihnen helfen, Ihre innere Freude, Ihr Glück und Ihre Zufriedenheit wiederzufinden.

1. Vereinfachen Sie die Dinge

Der erste Schritt zur emotionalen Entrümpelung Ihres Lebens besteht darin, die Dinge zu vereinfachen und Ihren Umgang mit Gefühlen zu rationalisieren. Dazu gehört, dass Sie Ihr Leben und die Dinge betrachten, die Ihnen Spannungen, Schmerzen oder eine andere Form der Unzufriedenheit bereiten. Ergreifen Sie dann die notwendigen Schritte, um diese Dinge aus Ihrem Blickfeld zu entfernen und Ihr Leben zu vereinfachen.

Reduzieren Sie die Aktivitäten, Zeitvertreibe und Menschen in Ihrem Leben, die Ihre Lebensqualität eher beeinträchtigen als verbessern. Suchen Sie nach Personen und Situationen, die Ihnen keinen Stress bereiten, und nutzen Sie diese, um Ihren Tag zu verbessern, wann immer Sie ihnen begegnen.

Sorgen Sie dafür, dass Ihr Leben nicht komplizierter wird als es sein muss. Sie müssen keine Beziehung mit jemandem führen, der nicht nett zu Ihnen ist, Sie ausnutzt oder Ihnen wehtun will. Hören Sie auf, Ihre Zeit mit frivolen Dingen zu vergeuden, die Sie ärgern, und beginnen Sie, sich mit dem zu beschäftigen, was Sie sich wirklich vom Leben und von sich selbst wünschen. Dann können Sie anfangen, sich für das Richtige einzusetzen.

2. Meistern Sie die Kunst, „Nein" zu sagen.

Wenn wir wirklich ein selbstbestimmtes Leben führen wollen, müssen wir uns an das Wort "Nein" gewöhnen und es in unser tägliches Leben einbauen. Worte wie "Nein" sind nicht unbedingt negativ. Es ist ein Schutzbegriff, der uns helfen kann, uns sicher und stark zu fühlen, indem wir dem folgen wer wir sind und was wir wollen.

Vielen Menschen fällt es schwer, auf Dinge zu verzichten, für die sie keine Zeit haben oder die sie nicht tun wollen. Trotzdem ist es eine der wichtigsten Lebenskompetenzen, die wir lernen können. Es ist nicht unhöflich, zu etwas Nein zu sagen, dem man sich nicht gewachsen fühlt; es ist Selbstfürsorge und ein Zeichen von Stärke.

Wenn Sie lernen, "Nein" zu sagen, wird sich Ihr Blickwinkel dramatisch verändern und Sie werden "Nein" bald als etwas Positives und nicht als etwas Negatives sehen. Wenn wir Dinge ablehnen, die nicht zu uns passen, werden wir stärker und unser Leben wird dadurch schöner. Eine Welt, die von "Ja" beherrscht wird, ist eine Welt, die von Müdigkeit beherrscht wird. Sagen Sie "Nein", wenn es Ihnen passt, und Sie werden die Zeit und den Raum erhalten, die Sie brauchen.

3. Suchen sie Ihr Glück

Eine unerfüllte Existenz ist bedrückend und hindert uns daran, unseren natürlichen Weg zur Zufriedenheit wahrzunehmen. Je mehr Raum wir Ablenkungen und betäubenden Praktiken widmen, desto weiter entfernen wir uns von unserem natürlichen Gefühl der Freude. Wenn Sie in all dem Trubel keine Zufriedenheit finden können, treten Sie einen Schritt zurück und schauen Sie nach innen.

Entfachen Sie die Liebe und die Aktivitäten, die Ihr Herz zum Singen bringen, neu. Entfachen Sie Ihre Leidenschaften neu und entdecken Sie die Dinge wieder, die Ihr Leben spannend und faszinierend machen.

Verfolgen Sie Ihre Freude und erkennen Sie an, dass Sie, wie jeder andere Mensch auf der Welt, ein Recht auf echtes Glück haben. Hören Sie für eine Weile auf, sich auf dem Altar der Bedürfnisse anderer aufzuopfern, und konzentrieren Sie sich auf Ihre eigenen. Verfolgen Sie Ihre Träume von dem Leben, das Sie führen wollen, und von der Zukunft, die Sie aufbauen wollen. Niemand kann Ihnen das bieten, allerdings müssen Sie sie sich selbst aufbauen.

4. Verkleinern Sie Ihre Freundesliste

Wir haben in unserem Leben nur so viel Platz für Beziehungen und wenn wir ihn mit Menschen füllen, die uns Energie rauben und uns das Gefühl geben, klein zu sein, beeinträchtigt das unsere Lebensqualität insgesamt. Reduzieren Sie Ihre Freundesliste und verschwenden Sie keine Zeit mehr mit Menschen, die Sie auslaugen oder Sie zwingen, an Orte zu gehen, an die Sie nicht gehen wollen.

Menschen, die uns wütend oder traurig machen oder uns das Gefühl geben, unbedeutend zu sein, sollten um jeden Preis vermieden werden. Entfernen Sie Personen aus Ihrer Timeline, die mehr Negativität als Positives vermitteln.

Verabreden Sie sich nur mit Menschen, die Ihnen ein gutes Gefühl geben oder die Sie ermutigen, ein besserer Mensch zu werden, als Sie es gestern waren. Niemand schuldet Ihnen seine Zeit, Energie, Geld oder Raum. Wenn Sie Ihre Freundesliste einschränken, können Sie für sich selbst einstehen und eine neue Ebene der Ruhe finden.

5. Verbringen Sie Ihre Zeit in der realen Welt

Wenn Sie der Qual und dem Elend Ihres unpassenden Daseins lange Zeit ausgewichen sind, sind Sie wahrscheinlich schon lange nicht mehr präsent gewesen. Gegenwärtig zu sein ist schwierig, denn es verlangt von uns, dass wir uns unseren Gefühlen und Entscheidungen stellen. Es bedeutet, dass wir in unserem Körper ganz präsent sind und uns in unseren Gefühlen ganz präsent fühlen.

Lernen Sie es zu schätzen, im Augenblick präsent zu sein, und erkennen Sie die Vorteile, die diese Präsenz mit sich bringen kann. Achten Sie auf alles, was Ihr Körper Ihnen zu sagen versucht und auf Ihre Gefühle. Aus welchen Ihrer Entscheidungen und der Menschen um Sie herum können Sie Lehren ziehen?

Verringern Sie die Zeit, die Sie in den sozialen Medien verbringen, und die Zeit, die Sie damit verbringen, sich abzulenken oder sich zu "verlieren". Hören Sie auf, sich mit anderen zu vergleichen, und machen Sie sich klar, dass jeder während seiner Zeit hier seinen ganz eigenen Weg geht. Hören Sie auf, der Zukunft entgegen zu eilen oder vor der Vergangenheit zu fliehen, und nehmen Sie stattdessen die Gegenwart an. Seien Sie einfach im Moment präsent und genießen Sie die Dinge, wie sie sind. Schließlich werden Sie nie wieder in dieser Situation sein.

6. Messen Sie Ihre emotionale Temperatur.

Es ist unangenehm, sich mit unseren Gefühlen auseinanderzusetzen, aber sie haben einen Zweck und müssen anerkannt werden. Wir sollten regelmäßig unsere Emotionen messen und dieses Verfahren nutzen, um unsere Emotionen zu kennen und zu wissen, wie sie uns beeinflussen.

Fangen Sie an, Ihre Emotionen zu akzeptieren und gewöhnen Sie sich an, sie direkt anzusprechen, anstatt sie tief zu verstecken, bis sie verrotten. Lernen Sie, mit Ihren Emotionen gelassen umzugehen und schätzen Sie sie für das, was sie zu Ihrem Leben beitragen können.

Beginnen Sie damit, sich jeden Tag ein paar Minuten Zeit für diese Übung zu nehmen. Nehmen Sie sich ein Tagebuch und suchen Sie sich einen ruhigen Platz, um 10-15 Minuten zu schreiben. Schließen Sie die Augen und atmen Sie ein paar Mal tief durch. Konzentrieren Sie sich auf Ihren Körper und achten Sie auf Ihre Gefühle. Machen Sie eine Liste der Gefühle, die Sie empfinden, und der Reaktionen, die sie hervorrufen.

7. Werden Sie ein Meister im Weitergehen

Wenn Sie wirklich all den Müll und die Ängste, die Sie zurückhalten, hinter sich lassen wollen, müssen Sie die Kunst des Weitergehens lernen. Dazu gehört es, die Vergangenheit loszulassen und sich emotional von Dingen zu distanzieren, die Ihnen schaden, die aber nicht in Ihrer Macht liegen.

Hören Sie auf, sich an Dinge zu klammern, die Ihnen nicht mehr nützen. Hören Sie auf zu versuchen, den Erwartungen anderer zu entsprechen, und fangen Sie an, Ihren eigenen Erwartungen zu folgen. Entfernen sie sich von denen, die Ihnen das Gefühl geben, unbedeutend zu sein.

Lassen Sie Situationen und Verletzungen aus der Vergangenheit hinter sich, die Sie weiterhin verletzen ohne dass ein Ende in Sicht ist. Wir definieren unsere Erwartungen, wie wir behandelt werden wollen und wie wir uns fühlen wollen. Hören Sie auf, sich von nutzlosen Dingen von Ihrer Größe abhalten zu lassen, und lernen Sie, die Kunst des Weitergehens zu beherrschen.

8. Menschliche Unordnung beseitigen
Einseitige Freundschaften, giftige Beziehungen, Menschen, die Sie auslaugen, verblassen oder herabsetzen - Ziehen Sie einen großen, dicken Strich zwischen Ihnen und diese Menschen, wenn Sie können, und nutzen Sie den neugewonnenen Platz für Menschen mit denen Sie zusammen sein wollen.

Jim Rohn, ein Motivationsredner, hat erklärt, dass wir zum Mittelwert aus den fünf Menschen werden, mit denen wir die meiste Zeit verbringen. Das ist logisch, denn wir öffnen uns denjenigen, die wir in unser Leben lassen. Wir werden anfällig für ihre Zuneigung, ihr Wissen, ihre Wärme, ihren Einfluss und ihre Meinung, inbesondere wenn es um ihre Meinung über uns geht. Wenn wir uns erlauben, für das Gute offen zu sein, erlauben wir uns auch das Negative. So sind die Dinge nun einmal. Wie würden Sie jeden Ihrer fünf Menschen in fünf Worten beschreiben? Wenn die Kommentare, die Sie hören, verletzend sind, denken Sie darüber nach, was Sie aus dieser Verbindung empfangen. Es ist einfach nicht gut für Sie, wenn es nicht gut für Sie ist. Punkt. Es geht nicht immer um Sie oder den anderen, sondern eher um die Mischung aus Ihnen Beiden.

Probleme, die beim Loslassen auftreten können

Das Loslassen ist ein Prozess, bei dem nicht alles einfach ist. Ganz oft hat man an sich selber die Erwartung, so schnell wie möglich einen positiven Effekt zu fühlen. So geriet man allerdings schnell in eine andere Art von Zwang, bei der man nun nicht zwanghaft an Sachen festhält, sondern zwanghaft versucht loszulassen. Oder man hat Schwierigkeiten mit dem Loslassen selber, das einfach nicht so richtig funktionieren will. Welche Probleme das sein können, sind im Folgenden zusammengefasst.

1. Das Verlangen nach Perfektion. (Kennen Sie das?).
Wir werden so geschickt sein in dem, was wir tun, dass es uns an manchen Tagen Angst macht. An anderen Tagen werden wir eine absolute Katastrophe sein. Aber jeden Tag werden wir ausreichend sein. Es ist anstrengend, der perfekte Partner/ Erziehungsberechtigte/Kollege/Arbeitnehmer sein zu müssen (Ich bin erschöpft, wenn ich sie nur aufzähle) und es ist ein so gut wie unereichbares Ideal. Sie werden in einer Rolle weiter von der Perfektion entfernt sein, während Sie in einer anderen der Perfektion näher kommen. Was immer Sie sind, ist genug, also probieren Sie verschiedene Rollen aus, um zu sehen, was passt, machen Sie einen Schritt zur Seite und seien Sie bereit, Fehler zu machen. Seien Sie die menschlichste Version von sich selbst. Es macht viel mehr Spaß, mit Ihnen zusammen zu sein, als mit den makellosen Menschen.

2. Die Sache mit dem Nicht-Entscheiden ...
Gerade am Anfang eines Prozesses, in dem man loslassen will, fällt es schwer, zu entscheiden, was oder ob man etwas loswerden will. Es ist immer noch eine Entscheidung, stillzuhalten, wenn Sie sich nicht entscheiden. Das ist für

eine Weile gut, sogar weise, aber wenn Sie weiterhin nichts tun, wird es Sie bald erdrücken. Alles ist möglich und nichts zu tun ist schlimmer, als es falsch zu machen. Wenn man etwas ausprobiert und es nicht klappt, kann man zumindest weitermachen, während die "Was-wäre-wenn"-Situation des Nichtstuns einen auf unbestimmte Zeit an der Stelle festhalten würde. Ein Vertrauensvorschuss ist manchmal der einzige Weg nach vorn. Wenn man sich zurückhält, verbraucht man mentale und emotionale Energie. Was sind einige der Dinge, die Sie aufschieben? Setzen Sie sich eine Frist und machen Sie Nägel mit Köpfen. Was hält Sie davon ab, es loszulassen, wenn das der Fall ist?

3. Das Drama. Oh, das Drama!

Nicht die lustige Art, die mit Werbeunterbrechungen einhergeht, sondern die Art, die Sie in den Wahnsinn treibt, wenn Sie sie zulassen. Dazu gehören Sprachnachrichten, Textnachrichten, E-Mails und vieles mehr, bei denen Sie sich jedes Mal schlecht fühlen, wenn Sie sie abhören. Gerade, wenn man einen Schritt in die richtige Richtung macht, gibt es oft auch Personen, die einen lieber so hätten, wie man vorher war, und die das auch direkt so äußern. Gibt es jemanden oder etwas in Ihrem Leben, das Sie ständig runterzieht? Die Löschtaste wurde geschaffen, um uns aus dem Griff der Dummköpfe in unserem Leben zu befreien. Sie ist einfach zu benutzen. Genau dafür ist sie da. Das heißt natürlich nicht, dass jede Kritik unberechtigt ist, aber man sollte sich von den Personen befreien, die einen zurückhalten.

4. Die Gründe, die dagegen sprechen.

Selbst wenn es triftige Gründe dafür gibt, eine Beziehung einzugehen, sich beruflich zu verändern, sich um eine neue

Stelle zu bewerben, Urlaub zu machen oder ein Abenteuer zu wagen, wird es immer Ausreden geben, es nicht zu tun. Nie fühlt es sich beängstigender an, als wenn man kurz vor der Entscheidung steht, ob man gehen oder bleiben soll. Doch die Angst kann ein dreckiger kleiner Lügner sein und sich als Stoppschild tarnen. Das ist aber nicht der Fall. Viel mehr ist es ein Zeichen dafür, dass Sie im Begriff sind, ein sehr mutiges Unterfangen zu beginnen. Riskieren Sie es. Machen Sie einfach einen behutsamen Schritt über die Linie und lassen Sie sich den Rest des Weges von der Dynamik tragen. Rufen Sie an, schicken Sie eine E-Mail, beginnen Sie eine Diskussion, sprechen Sie die Worte aus - und sehen Sie zu, wie sich die Türen öffnen.

5. Der Vergleich mit anderen

Es ist sehr einfach, in die Falle zu tappen, uns mit anderen zu vergleichen. (Oh, das kenne ich!) Man weiß jedoch nie, was hinter den Kulissen vor sich geht oder wie es ist, in den Schuhen eines anderen zu laufen. Wenn Sie noch auf Ihrem Weg sind, konzentrieren Sie sich und lassen Sie sich nicht von der Tatsache ablenken, dass jemand vor Ihnen auf dem Weg ist. Er mag von außen betrachtet erfolgreicher, glücklicher, wohlhabender, freundlicher oder mächtiger erscheinen. Aber machen Sie weiter. Sie können all diese Dinge sein. Es gibt keinen Grund, warum Sie nicht mehr sein können.

6. Vermeidung.

Es ist ganz natürlich, Dinge zu vermeiden, weil man Angst davor hat, was passieren könnte, wenn man sie tut. Doch das Vermeiden wesentlicher Dinge hat seine eigenen Auswirkungen. Schwierige Situationen verschwinden nicht, nur weil sie ignoriert werden. Es wäre schön, wenn man die Warnung beherzigen würde, aber so funktionieren sie normalerweise nicht. Seien Sie mutig, drehen Sie sich um und stellen Sie sich der Welt. Wenn Sie das nicht tun, werden Sie nicht in der Lage sein, zu etwas Größerem aufzubrechen.

7. Die falschen Gedanken

Die schönsten Dinge im Leben beginnen mit einem Gedanken und enden vielleicht auch mit einem. Gedanken haben eine enorme Macht, aber sie sind eben nur Gedanken. Wählen Sie sorgfältig diejenigen aus, denen Sie Befugnisse übertragen. Wenn Sie die richtigen auswählen, können Sie abheben. Wenn Sie die falschen auswählen, werden Sie am Boden bleiben. Sie werden mit dem Gesicht auf die Landebahn stürzen, wenn Sie die Falschen auswählen. Lassen Sie sich Zeit. Es liegt ganz in Ihrer Hand.

Alles in Ihrem Umfeld, inklusive Ihrer Gedanken, soll dafür sorgen, dass Sie sich attraktiv und stark fühlen, wenn Sie das Umfeld erleben.

Manchmal ist das jedoch nicht der Fall, die Konsequenz ist: Was Ihnen das Gefühl gibt, übergewichtig, unattraktiv, altmodisch, ignorant oder minderwertig zu sein, hat zu viel Platz in Ihrem Leben. Menschen, Zeitschriften, Fernsehsendungen, Bücher, Freunde, Partner und Familie sind nur einige Beispiele dafür. Es ist schrecklich, sie um sich zu haben, wenn sie ein schlechtes Gefühl in Ihnen hervorrufen.

Einige Beispiele für ein negatives Umfeld bringen mehr Klarheit in die genannten Hindernisse:

Freunde, die nur nehmen

Eine besondere Art von "Menschenwirrwarr": Das sind die "Freunde", die Ihnen ein schlechtes Gewissen machen. Sie kommen nie pünktlich, wollen immer, dass Sie auf Abruf bereitstehen, und machen Ihnen zweideutige Komplimente. Das Ganze wirkt so, als wären Sie eine Deponie für unangenehme Dinge, die man anderen nicht sagen kann. Gleichzeitig prahlen diese "Freunde" ständig damit, wie großartig sie sind, und übersehen dabei, dass es Ihnen eigentlich nicht gut geht. Sie sind Ihre schlimmsten Albträume. Sie sind vergiftete Nehmer und nehmen wertvollen Platz in Anspruch. Man sollte sich von ihnen trennen.

Endlich ex mit dem Ex

Alles, was Sie dazu bringt, in Erinnerungen zu schwelgen und sich unglücklich zu fühlen, ist nicht gut für Sie. Ich beziehe mich auf die Leute (wie z. B. Ex-Freunde), mit denen Sie in Kontakt bleiben. Sie können sich einreden, dass alles in Ordnung ist, dass Sie immer noch befreundet sind, dass Sie damit umgehen können - bla, bla, bla - aber es ist wahrscheinlicher, dass sich das als ein erstaunlicher Akt der Selbstsabotage herausstellt. Sie werden wahrscheinlich immer wieder nachsehen (heimlich - wer würde das nicht?), um sicherzugehen, dass es keinen Neuen gibt, oder dass, wenn es einen gibt, er nicht so glücklich mit ihm zu sein scheint, wie er mit ihnen war. Sie wissen, wohin das führt, und es wird nicht angenehm sein. Einfach gesagt: Kündigen Sie. Erlauben Sie sich, zu gehen. Entfreundet euch und folgt einander nicht mehr. Alles andere als das ist unnötiges Durcheinander, das nichts für Sie sein sollte.

8. Im „Gen- Pool" kann man auch untergehen.

Während man relativ einfach neue Freunde findet, wird das Loslassen nur selten auf die Familie übertragen. Dabei gilt auch hier: Sie müssen nicht unbedingt Zeit mit jemandem verbringen, nur weil Sie die gleiche Genetik haben wie er. Wenn Sie sich in seiner Nähe "minderwertig" fühlen, ist es eine gute Idee, Abstand zu halten. Gene bestimmen Ihre Beziehungen nur, wenn Sie das wollen. Seien Sie kein Fußabtreter, aber seien Sie akzeptierend und mitfühlend. Wir werden mit bestimmten Botschaften von unseren Familien großgezogen und da diese Botschaften uns schon "unser ganzes Leben lang" begleiten, neigen wir dazu, sie zu schlucken, ohne ihre Bedeutung zu hinterfragen, dabei können auch diese toxisch oder negativ für Sie sein. Wir kauen sie, um ein Gefühl dafür zu bekommen, wie sie schmecken, und schlucken oder spucken sie dann aus.

Nur auf Grund der DNA zustimmen oder mit den Verwandten Zeit verbringen muss man allerdings nicht. Selbst, wenn man den Verwandten über den Weg läuft, kann man sich immer noch dazu entscheiden, emotionalen oder physischen Abstand zu halten.

9. Trügerische Erinnerungen

Das Problem mit Erinnerungen ist Folgendes: Sie sind nicht immer so genau, wie sie vorgeben zu sein. Unsere Erinnerungen sind davon geprägt, worauf wir achten und wie wir Ereignisse interpretieren, was wir selbst bestimmen. Wenn wir glücklich sind, nehmen wir freudige Dinge wahr und verwenden einen positiven Filter, um Ereignisse in Erinnerungen zu verwandeln. Wir suchen nach Beweisen für unsere Überzeugungen und achten weniger auf Widersprüche. Wenn wir schlecht gelaunt sind, tun wir das Gleiche. Lassen Sie mich Ihnen ein Beispiel geben. Wenn Sie Schwierigkeiten haben zu glauben, dass Sie in Beziehungen nicht gut sind, weil sie ständig zu enden scheinen (oder weil eine Beziehung gerade zu Ende gegangen ist), werden Sie (automatisch und unbewusst) Erinnerungen herausfiltern und diejenigen behalten, die zu Ihren Gefühlen passen. Dabei handelt es sich wahrscheinlich um solche, in denen Sie verletzt oder enttäuscht wurden, aber Sie werden sich nicht an erfolgreiche Beziehungen oder an Beteiligte erinnern, die gerne mit Ihnen zusammen waren. Lassen Sie die Vorstellung los, dass Ihre Erinnerungen richtig sind, und erkennen Sie den Unterschied zwischen ihnen und den Tatsachen. Die erdrückendste Art von Unordnung sind ungenaue Erinnerungen.

10. Sucht nach Applaus

Sie müssen nicht von allen geliebt und anerkannt werden und Ihrer Entwicklung müssen nicht alle positiv gegenüber eingestellt sein. Einige werden Sie bewundern, andere werden wenig von Ihnen halten und wieder andere werden gar nichts von Ihnen halten. Es wird immer Kritiker geben. Wie genau die Rückmeldung ausfällt, hängt meistens von Ihrem Umfeld ab. Behalten Sie die, die Sie lieben, lernen Sie von denen, die Sie nicht lieben, und ziehen Sie weiter. Ansonsten vergeuden Sie Ihre Zeit und machen die Dinge nur noch schwieriger.

11. Träumereien statt Aktionen und Offenheit

Wer hat nicht schon einmal über etwas nachgedacht, um sich besser zu fühlen? Irgendwann kommt der Punkt, an dem die Wiederholung von etwas, das einem unangenehme Gefühle bereitet, der Gesundheit schadet. Das nennt man Grübeln und es wird mit Depressionen in Verbindung gebracht. Es gibt Zeiten, in denen es keine Antworten gibt. Wenn sie sich Ihnen noch nicht gestellt haben, ist es unwahrscheinlich, dass Sie sie durch erneutes Wiederholen ans Tageslicht bringen können. Was den Wandel betrifft, so spielen viele Elemente eine Rolle. Es ist jedoch wichtiger, für neue Ideen und Personen empfänglich zu sein, als etwas anderes zu erzwingen. Es wird Zeiten in unserem Leben geben, in denen wir uns entblößt fühlen, aber dieses Gefühl wird nicht von Dauer sein. Wir werden uns schließlich auf eine Art und Weise wieder aufbauen, wie wir es uns nicht hätten träumen lassen, aber erst, nachdem wir die "Was-wäre-wenn"-, "Vielleicht"-, "Sollte"- und andere einschränkende Glaubenssätze aus unseren Köpfen entfernt haben.

12. Nicht alles lässt sich jetzt entscheiden.

Oft suchen wir bei Dingen nach einem festen Ende oder suchen verzweifelt nach dem einen Faktor, der in der Gegenwart macht, dass alles einen Sinn ergibt. In Wirklichkeit gibt es keinen Anfang, keine Mitte und kein Ende und auch dieser Automatismus existiert nicht. (Schade.) Für viele von uns fühlt es sich zunächst leicht an, den Schritt in die Zukunft zu verschieben (z. B. nach einer zerbrochenen Beziehung), bis die Dinge einen Sinn ergeben ("Aber ich sehe es nicht - wir waren doch gerade so glücklich."). Das Problem ist, dass die eine Sache, die allem einen Sinn gibt, oft noch nicht geschehen ist. Sie wird auch nicht geschehen, bis Sie das Durcheinander loslassen und vorwärts gehen - Sie müssen also aktiv den Stress einer Entscheidung von sich nehmen. Denken Sie an die Zeiten in Ihrem Leben, in denen die Dinge keinen Sinn gemacht haben. Je nachdem, wie weit Sie in die Vergangenheit zurückgehen, stehen die Chancen gut, dass diese Zeiten zu Ihrer jetzigen Situation beigetragen haben, sei es auch nur auf die kleinste Weise. Letztendlich werden die Dinge einen Sinn ergeben. Warten Sie darauf, dass sich die Teile zusammenfügen. Währenddessen können Sie sehen, wie die Beziehungen, die nicht funktionierten, Sie auf die vorbereiteten, die funktionierten. Es gab zum Beispiel auch Zeiten, in denen ich mich um Kunden beworben habe und sie nicht bekommen habe, was in dem Moment furchtbar schien, aber die Tür für größere Möglichkeiten öffnete.

13. Ausbluten durch eine „schlechte" Situation.

Wenn man Dinge als schlechte Umstände darstellt, läuft man Gefahr, Vertrauen und Motivation zu verlieren. Dinge sind nicht notwendigerweise schrecklich, nur weil sie nicht gut sind. Alles, was wir erleben, formt uns - ob zum Guten oder zum Schlechten liegt an uns. Es ist wichtig, dass Sie Ihr Selbstwertgefühl, Ihre Motivation und Ihr Selbstvertrauen nicht durch die Lücken eines negativen Szenarios fallen lassen. Wir haben die Wahl, Opfer unserer Umstände zu werden oder die Kontrolle über unsere Reaktionen zu übernehmen. Wir haben nicht immer die Kontrolle über das, was uns passiert, aber alles bietet uns die Chance, als Person zu wachsen: mutiger, stärker, klüger, freundlicher und widerstandsfähiger zu werden. Natürlich ist es völlig in Ordnung, wenn man zuerst zusammenbricht. Das mag sich manchmal wie die einzige Möglichkeit anfühlen. Aber wenn Sie dazu bereit sind, stellen Sie sicher, dass Sie sofort wieder aufstehen.

14. Der Glaube, dass eine erfolgreiche Beziehung auf unbestimmte Zeit andauern muss.

Liebe, Lernen und Entwicklung sind allesamt Merkmale einer erfolgreichen Partnerschaft. Das Wachstum kann bei mindestens einer Person in einem Paar zum Stillstand kommen und die Beziehung sowie die einzelnen Personen darin können ins Stocken geraten - aber das bedeutet nicht, dass die

Beziehung nicht erfolgreich war. Jedes Liebesverhältnis erreicht irgendwann eine Phase, in der es darum geht, ob sie gelingt oder nicht. In manchen Partnerschaften ist dies der Moment, in dem es Zeit ist, zu kämpfen. Wenn Sie beide "dabei" sind, sehen Sie den Kampf nicht als Zeichen dafür, dass die Beziehung zu Ende geht, sondern als Zeichen dafür, dass Sie in eine neue Phase Ihrer Beziehung eintreten - zu wissen, wann es soweit ist, erfordert viel Mut. Wir unterschätzen das Ausmaß, in dem wir uns weiterentwickeln. Die Menschen werden in zehn Jahren anders sein als vor zehn Jahren. Beziehungen, Berufe und andere Aspekte unserer Geschichte passen vielleicht nicht mehr zu dem, wer wir sind. Sie können sich manchmal mit uns entwickeln. Sie funktionieren nicht immer. Das soll nicht heißen, dass sie nicht bedeutsam, erfolgreich oder unglaublich waren, um Teil davon zu sein. Es kann unerträglich schwer sein, an etwas festzuhalten, wenn es nichts mehr gibt, woran man sich festhalten kann. Es ist in Ordnung, manchmal loszulassen. Manchmal ist es die einzige Möglichkeit, die bleibt.

Schritt für Schritt Loslassen

1. Stellen Sie sich das Leben vor, das Sie führen möchten. Überlegen Sie, wie Ihr ideales Leben aussehen könnte, um sich selbst zu stärken. Würden Sie sich beruflich verändern, einem Hobby nachgehen oder einen Beitrag zur Gesellschaft leisten? Wenn Sie sich vorstellen, wo Sie hinwollen, können Sie anfangen, die Maßnahmen zu erwägen, die erforderlich sind, um dorthin zu gelangen.

2. Machen Sie eine Liste, wie Ihr Leben im Moment aussieht. Sind es Ihre Freunde, Ihre Arbeit, Ihr Liebesleben oder etwas komplett anderes? Wenn Sie eine Veränderung Ihres Lebens in

Erwägung ziehen, achten Sie darauf, wie Sie sich in Bezug auf diese Dinge fühlen. Auf welche Bereiche sollten Sie sich Ihrer Meinung nach konzentrieren?

Wenn sie sich zum Beispiel auf ihr Liebesleben konzentrieren und feststellen, dass sie sich emotional nicht von ihrem Ex-Freund getrennt haben, müssen sie ihre Gefühle aufgeben.

3. Listen Sie die Dinge auf, die Sie einschränken.
Erstellen Sie eine Liste aller Umstände oder Orte, die Sie auf der Grundlage der obigen Schritte angehen müssen. Dies sind die Dinge, die Ihren Fortschritt verhindern oder einschränken.

Diese Phase ist entscheidend für die emotionale Entrümpelung. Sie müssen in die Tiefe gehen und herausfinden, wo Sie feststecken. Wenn Sie Ihre Ideen schriftlich festhalten, fällt es Ihnen leichter, das große Ganze zu sehen - und die Arbeit, die getan werden muss.

4. Überdenken Sie diese Szenarien und Emotionen
Nachdem Sie herausgefunden haben, was Sie davon abhält, vorwärts zu gehen, gehen Sie jede Situation durch und fühlen Sie diese Gefühle vollständig.

Wenn es um einen Ex-Partner geht, über den Sie immer noch nicht hinweg sind, holen Sie sich eine Tasse Tee und denken Sie darüber nach, wie Sie sich während und nach der Beziehung gefühlt haben. Oft unterdrücken wir unsere Gefühle und lenken uns mit Essen, Alkohol oder anderen Dingen ab, die den Schmerz betäuben. Der Schlüssel ist, das unterdrückte Gefühl loszulassen.

Sie fegen diese Blockaden und Begrenzungen mit einem mentalen Besen weg, sobald Sie diese Emotionen ansprechen und bereinigen. Setzen Sie einfach einen Stift aufs Papier und lassen Sie Ihren Bewusstseinsstrom diktieren, was er braucht.

5. Unterstützung erhalten

Um mit emotionaler Unordnung umzugehen, muss man sich Hilfe und Unterstützung suchen. Wenn Sie diese Gefühle schon lange hegen, ist es eine gute Idee, sich professionell behandeln zu lassen.

Haben Sie unterstützende Freunde oder Familienmitglieder in Ihrem Leben. Wenn Sie jemanden an Ihrer Seite haben, der Ihnen wichtig ist und dem Sie vertrauen, kann Ihnen das helfen, schwierige Gewohnheiten und Gefühle zu überwinden.

6. Neue Gewohnheiten schaffen

Entscheiden Sie sich, sich nicht länger mit Ihren unangenehmen Gefühlen aufzuhalten. Lassen Sie sich nicht auf selbstzerstörerische Handlungen oder Muster ein. Beschließen Sie stattdessen, neue Verhaltensweisen zu entwickeln. Ändern Sie Ihre Sichtweise, indem Sie sich auf Wertschätzung konzentrieren.

Es ist in Ordnung, wenn nicht jeder Tag aus Sonnenschein und Blumen besteht. Das ist etwas, mit dem wir offen umgehen können und sollten. Man entwickelt emotionale Unordnung, wenn man seine Gefühle in Flaschen abfüllt.

Wenn diese Empfindungen auftauchen, tun Sie etwas, das Ihnen Leben einhaucht. Lesen Sie ein Buch, schreiben Sie in ein Tagebuch, unterhalten Sie sich mit einem Freund oder gehen Sie spazieren. Selbstfürsorge ist wichtig, ebenso wie der Umgang mit Ihren Gefühlen.

Der Umgang mit emotionaler Unordnung kann schwieriger sein als der Umgang mit physischer Unordnung. Sie bleibt unbemerkt und wird häufig übersehen. Die Verarbeitung von Gefühlen braucht Zeit, vor allem, wenn man sie über einen langen Zeitraum aufbewahrt hat. Wenn Sie jedoch Ihre Gefühle durchgehen, werden Sie sich leichter fühlen.

Fahren Sie fort, einen Schritt nach dem anderen zu tun, um zu einem besseren, lastfreien Zustand zu gelangen. Indem Sie die Vergangenheit loslassen, können Sie ein besseres Leben für sich selbst schaffen.

7. Erzählen Sie sich eine neue, ermutigende Geschichte.

Nehmen Sie sich die Zeit, Ihre neue Lebensgeschichte zu verfassen, wenn Sie die Emotionen, die Sie zurückgehalten haben, angesprochen haben. Sie sind Ihr eigener bester Begleiter und Unterstützer; setzen Sie daher Ihr Vertrauen in sich selbst, um Ihre langwierigen Ziele zu erkennen. Mit einem klareren Verstand werden Sie feststellen, dass Sie die Energie, die Sie für die Erzeugung negativer Ideen verwendet haben, jetzt besser nutzen können.

Bemühen Sie sich jeden Tag um die neue Geschichte, damit sie Wirklichkeit wird - auch wenn sie noch so klein oder groß erscheint. Regelmäßige Arbeit an der Geschichte wird Ihnen Vertrauen einflößen. Seien Sie auf dem Weg dorthin freundlich zu sich selbst. Am Ende werden Sie Erfolg haben, auch wenn es jetzt noch lange dauert.

Wie man Furcht und Angst loslassen kann

Angst ist eine der stärksten negativen Emotionen, die Ihre Fähigkeit, das anzuziehen, was Sie wollen, beeinträchtigen kann.

Wenn Sie an all das denken, was im Leben schief gehen kann, werden Sie dann ängstlich oder aufgeregt?

Wenn das der Fall ist, sind Sie nicht allein! Sie müssen jedoch eine Strategie entwickeln, um diese Perspektive zu ändern.

Die Angst hält Sie zurück und konzentriert Sie auf den Gedanken des Mangels, während die Liebe Sie mit Glück erfüllt und Ihr Energieniveau anhebt, so dass Sie effektiver manifestieren können.

Verstehen Sie Ihre Ängste

Untersuchen Sie zunächst Ihre Bedenken und ermitteln Sie die Quelle Ihrer Unzufriedenheit.

Das ist kein einfaches Verfahren. Es kann sehr beängstigend sein, aber es zahlt sich aus.

1. Nehmen Sie Ihre Gefühle an und kontrollieren Sie sie.
Sie müssen erkennen, dass die Umwandlung von Angst in Liebe nicht bedeutet, Ihre Gefühle zu unterdrücken oder zu ignorieren.

In dieser Situation ist es von Vorteil, wenn Sie lernen, loszulassen, indem Sie Ihre Emotionen überwinden. Die Idee ist, dass Sie diese Gefühle vollständig akzeptieren und erkennen und eine Methode finden, um sie zu verarbeiten, sodass sie losgelassen werden können.

Schreiben Sie sie in ein Notizbuch, drücken Sie sie durch Kunst (Malen oder Musik) aus oder kanalisieren Sie sie durch körperliche Aktivitäten wie Joggen, Reiten, Tanzen oder Boxen.

2. Schreiben Sie Ihre Ängste auf.
Da Sie sich auf Ihre Sorgen konzentrieren, mag dies paradox erscheinen.

Manchmal ist es jedoch notwendig, sich seine Probleme einzugestehen, um sie loszulassen.

Setzen Sie sich hin und schreiben Sie die Dinge auf, die Sie stören.

Wenn Sie Ihre Ängste zu Papier bringen, werden Sie feststellen, dass sie albern sind, und es wird Ihnen leichter fallen, sie zu vergessen.

Auf der anderen Seite entdecken Sie vielleicht Sorgen, die Sie bisher nicht kannten. Machen Sie sich keine Sorgen, alles ist in Ordnung.

Viele von uns haben innere Sorgen, die uns auffressen, aber wir haben sie schon so lange, dass sie zu unbewussten Überzeugungen geworden sind, die uns nicht bewusst sind.

Nachdem Sie also Ihre vergrabenen Sorgen entdeckt haben, können Sie damit beginnen, sie loszulassen.

3. Entmystifizieren Sie Ihre Ängste
Die Macht der Angst rührt zum Teil daher, dass sie häufig missverstanden wird. Denken Sie an Gelegenheiten, bei denen Sie eine schleichende Unruhe, Herzklopfen oder Versagensängste verspürt haben, ohne wirklich zu verstehen, was Ihnen Angst macht oder warum.

Versuchen Sie, die Angst zu verstehen, um mehr Raum für die Liebe zu schaffen und die Macht des Schreckens zu verringern.

Stellen Sie sich Ihrer Angst und versuchen Sie herauszufinden, woher es kommt, was es bedeutet, wie es mit Ihrem Selbstbild zusammenhängt usw..

In vielen Situationen werden Sie die Arten von einschränkenden Glaubenssätzen entdecken, die Menschen daran hindern, das Gesetz der Anziehung richtig anzuwenden.

Sie können solche Überzeugungen auch durch positive, liebevolle Überzeugungen ersetzen, indem Sie Hilfsmittel wie Affirmationen und ein Konzentrationsrad verwenden.

Arbeiten Sie daran, Ihre Ängste loszulassen

Sie können damit beginnen, Ihre Ängste aus Ihrem Leben zu entfernen, da sie nun nicht mehr versteckt sind.

Sie werden sich Ihrer Lage bewusst und können nun Ihr Verhältnis zur Angst dauerhaft ändern. Hier sind ein paar Tipps, die Ihnen helfen, frisch und aufregend mit der Angst umzugehen.

1. Fokus auf Gutes tun

Am Ende des Tages müssen wir als Ganzes gehört, beachtet und gesehen werden.

Daher ist es eine der wichtigsten Maßnahmen, die Sie ergreifen können, wenn Sie sich einfach mit einer anderen Person zusammensetzen und ihr zuhören, was sie zu sagen hat.

Fühlen Sie sich mit ihnen ein, versuchen Sie, ihre Situation zu verstehen, und seien Sie präsent.

Diese Art von Liebe verändert das Leben der anderen Person und erfüllt Sie mit Mitgefühl. Wenn Sie das nächste Mal Angst haben, überlegen Sie, wie Sie Ihre Liebe auf diese Weise zeigen können, und richten Sie Ihre Aufmerksamkeit auf diese Weise.

2. Verknüpfen Sie Ihre Transformation mit einem besonderen Objekt.

Sie können dem Ziel, Angst in Liebe umzuwandeln, etwas Ähnliches zuordnen. So haben Sie einen bestimmten Gegenstand, den Sie mit Ihren Zielen nach dem Gesetz der Anziehung verbinden.

Ein kleiner Stein, den man in der Hand hält und sich vorstellt, wie die Angst in ihn hineinfließt und die Liebe aus ihm zurückfließt und in das eigene Fleisch eindringt, ist hier eine beliebte Wahl.

Weitere Vorschläge sind ein Schmuckstück (z. B. eine Herzkette oder ein Rosenquarzring), das Sie immer dann tragen können, wenn Sie eine Erinnerung daran brauchen, sich auf die Liebe zu konzentrieren, oder eine Kerze mit einem Duft, der Ihnen ein Gefühl von Ruhe und Festigkeit vermittelt.

3. Offen bleiben

Selbst wenn Sie im Allgemeinen ein kontaktfreudiger Mensch sind, ist es ganz natürlich, dass Sie sich in Momenten der Angst zurückziehen.

Wenn die Angst Sie zu lähmen beginnt, wird es Ihnen schwer fallen, Ihren Geist und Ihr Herz für alternative Optionen offen zu halten.

Überlegen Sie, wie Sie sich in Ihrer jetzigen Position besser fühlen könnten, entfernen Sie sich unauffällig, aber zielstrebig von Ihrem gewohnten Umfeld und erlauben Sie anderen, sich um Sie zu kümmern, wenn es nötig ist (anstatt sie zu vertreiben).

Isolieren Sie sich nicht und halten Sie Ihre Probleme nicht im Verborgenen. Wenden Sie sich an Ihre Freunde und Familie und machen Sie sich klar, dass es in Ordnung ist, verletzlich zu sein.

4. Liebe ausstrahlen

Wie bereits erwähnt, besteht eine Methode, Liebe auszustrahlen, darin, anderen Mitgefühl und Verständnis entgegenzubringen. Das ist jedoch nicht die einzige Möglichkeit. Sie könnten zum Beispiel meditieren, indem sie sich vorstellen, wie Ihr Herz Liebe für andere ausstrahlt, sei es für eine Gemeinschaft in Not, für einen Menschen, der trauert, oder einfach für jemanden, für den sie immer das Beste hoffen.

Diese einfache Handlung bringt Sie in Kontakt mit der Fülle und versetzt Sie in die beste Lage, die Zukunft zu verwirklichen, die Sie sich wünschen. Denken Sie an das uralte Konzept, jeden Tag einen zufälligen Akt der Freundlichkeit zu tun.

Experten für das Gesetz der Anziehung weisen oft darauf hin, dass man das anzieht, was man in die Welt sendet. Wenn man Fremden und Freunden etwas Gutes tut, kann man also auch viel mehr Freundlichkeit in sein eigenes Leben ziehen.

Wie man Schuld und Scham loslassen kann

Um diese Frage zu beantworten, ist es zunächst wichtig, warum wir überhaupt Scham oder Schuld empfinden. In unserem Leben spielen Schuld und Scham eine wichtige Rolle. Schuld ist das nagende Gefühl, das man bekommt, bevor man wissentlich etwas Schlechtes tut. Unser Gewissen ist schuldig.

Sein Ziel ist es, uns zu warnen, wenn wir etwas tun wollen oder gerade etwas tun, das gegen unsere Überzeugungen verstößt. Wenn wir älter werden, legen wir alle eine Reihe von Werten fest. Vieles davon ist uns durch unsere Erziehung und Kultur in Fleisch und Blut übergegangen. Teilweise bildet man allerdings auch ein Wertesystem, das gegenteilig zum dem unserer Erziehung ist, aus - oder eine Mischung aus beidem. Unser Wertesystem ist eine Sammlung von Überzeugungen, die unser Handeln bestimmen. Wir fühlen uns schuldig, wenn wir etwas tun oder getan haben, das diesem Wertesystem zuwiderläuft. Schuldgefühle signalisieren uns, dass wir eine Pause einlegen und etwas Neues ausprobieren sollten.

Wir schämen uns, wenn wir unsere Gefühle der Reue zurückweisen und weiterhin das tun, was wir als falsch empfinden. Wenn wir Schuldgefühle verinnerlichen und glauben, dass wir schrecklich sind, weil wir etwas Falsches getan und unsere Gefühle der Reue ignoriert haben, erleben wir Scham. Das Ziel der Scham ist es, dass wir uns so schrecklich fühlen, dass wir danach streben, unser Fehlverhalten wiedergutzumachen. Die Demütigung hingegen kann zuweilen überwältigend sein. Wir versuchen zu verbergen, was wir getan haben. Wenn andere von dem Unrecht erfahren, das wir begangen haben, schämen wir uns noch mehr. Oder wir wissen nicht, wie wir es wiedergutmachen können. Wir verstecken, was wir getan haben, anstatt etwas zu tun, um die Dinge in Ordnung zu bringen. Wir machen uns selbst etwas vor und vertuschen unsere Fehler. Wenn wir unsere Fehler verheimlichen, werden unsere Schuldgefühle und unsere Demütigung nur noch größer.

Schuldgefühle und Demütigungen führen zu einem Teufelskreis, der wie folgend aussieht: Etwas stimmt nicht mit uns. Wir haben ein Gefühl der Schuld. Wir bringen nicht in Ordnung, was kaputt ist. Wir schämen uns. Wir erzählen Lügen und versuchen zu verbergen, was wir getan haben. Wir empfinden noch mehr Reue und Demütigung. Dieser Kreislauf wiederholt sich ständig.

Loslassen von Schuld und Scham

Um Scham und Schuld loslassen zu können, müssen wir uns unseren Fehlern stellen. Denken Sie daran, dass der Versuch, unsere Fehler zu verbergen, zu einem Teufelskreis aus Schuld und Demütigung führt. Eine Methode, aus diesem Muster auszubrechen, besteht darin, die Verantwortung für unser Handeln zu übernehmen. Das Pflichtbewusstsein bei unseren Fehlern ist ein wesentliches Element, um sich als Individuum weiterzuentwickeln und zu wachsen. Wenn wir zugeben, dass wir einen Fehler gemacht oder etwas falsch gemacht haben, durchbrechen wir das Muster und befreien uns aus unserem Gefängnis aus Schuld und Scham. Indem man verbalisiert, was man getan hat, und sich darauf vorbereitet, die Konsequenzen zu tragen, kann man sich seinen Fehlern stellen und Verantwortung übernehmen. Verantwortung für sein Handeln zu übernehmen bedeutet, die Konsequenzen seines Handelns zu akzeptieren. Das ermöglicht es uns, zur nächsten Stufe überzugehen:

Wiedergutmachung leisten

Eine Möglichkeit zur Wiedergutmachung zu finden kann dabei helfen, das Muster zu durchbrechen. Wir können einen Fehler nicht immer direkt wiedergutmachen. Bestimmte Dinge lassen sich nicht wiedergutmachen. Sie können jedoch immer etwas Nettes für jemanden tun, dem Sie Unrecht getan haben, oder etwas, das der Gesellschaft als Ganzes nützt.

Um Vergebung bitten

Wenn uns jemand für unsere Fehler vergibt, fühlen wir uns weniger schuldig und schämen uns weniger. Wir müssen jedoch bedenken, dass wir versuchen, uns zu verbessern, indem wir um Vergebung bitten. Ein besserer Mensch zu sein bedeutet nicht aus Eigennutz um Vergebung zu bitten, zum Beispiel wenn dies der Person, von der wir Vergebung wollen, schaden könnte. Die Menschen sind oft so verärgert über unsere Taten, dass sie sich weigern, sich an die Person zu erinnern oder ihr zu vergeben.

Vergebung für uns selbst

Unabhängig davon, ob die Person, die wir verletzt haben, uns vergibt oder nicht, können Schuld- und Schamgefühle bestehen bleiben bis wir uns selbst für unsere Handlungen vergeben. Sich selbst zu vergeben bringt den Heilungsprozess zum Abschluss und beseitigt alle verbleibenden Schuld- oder Schamgefühle.

Wie stellen wir uns unseren Fehlern?

Beginnen Sie damit, gedanklich die einzelnen Jahre Ihrer Abhängigkeit oder Ihres Lebens noch einmal zu durchleben und sich an alle Erfahrungen zu erinnern, die Gefühle des Bedauerns oder der Scham auslösen.

- Machen Sie eine Liste mit allem, was Sie Ihrer Meinung nach falsch gemacht haben.
- Überlegen sie, welche ihrer Werte sie verletzt haben, als sie etwas Schlechtes getan haben.
- Zählen Sie die Personen auf, die durch Ihr Verhalten geschädigt wurden.

- Berücksichtigen Sie diejenigen, die direkt als auch indirekt geschädigt wurden.
- Überlegen Sie, warum Sie das Falsche getan haben.
- Denken Sie über alternative Handlungen nach.

Wie man Wut und Bitterkeit loslassen kann

Wenn Wut und Bitterkeit beginnt, dann bahnt sich dieses Gefühl erst langsam an. Wenn es allerdings erst einmal da ist, dann geht es ganz schnell und man kommt kaum gegen das Bedürfnis, wütend zu werden an.

Wut ist eine unkontrollierbare Energie, die uns ergreift und uns dazu bringt, Dinge zu tun oder zu sagen, die wir normalerweise nicht tun oder sagen würden.

Das Festhalten an der Wut hat negative körperliche und emotionale Folgen. Schließlich zwingt sie Sie dazu, irrational und impulsiv zu reagieren und Ihre persönlichen und beruflichen Beziehungen zu gefährden.

Sie wissen, wovon ich spreche, wenn Sie schon einmal etwas Verletzendes gesagt oder jemanden angeschrien haben und sich danach wie ein Idiot fühlten. Aber wissen Sie auch, wie Sie Ihren Ärger loslassen können?

Glücklicherweise ist es möglich, Wut und Schmerz loszulassen, und ich zeige Ihnen wie.

Warum wiederkehrende Wut eine gefährliche Angewohnheit sein kann

In mehreren Studien wurde festgestellt, dass Wut und Groll mit Herzkrankheiten und Bluthochdruck in Zusammenhang stehen. Körperlicher Ärger zehrt an unseren Kräften und kann langfristige Folgen haben.

Es ist wichtig zu verstehen, warum Sie sich überhaupt geärgert haben, bevor Sie mit dem Prozess des Loslassens Ihrer Wut beginnen können. Wir nutzen Wut als eine Emotion aus zweiter Hand (oder Ersatzemotion), um Angst, Verletzlichkeit oder Schmerz zu vermeiden.

Viele Dinge können Schmerzen verursachen, z. B. körperliche oder seelische Misshandlung durch ein Elternteil oder den Ehepartner. Es war nicht nur die Situation, die Sie aus der Fassung gebracht hat, sondern auch Ihr geistiger Prozess spielte eine Rolle.

Wut, Annahmen und Wahrnehmungen einer Situation können Erinnerungen auslösen, die dazu führen, dass Menschen glauben, jemand wolle ihnen schaden. Diese fehlerhaften Denkgewohnheiten können Ihre Beziehungen gefährden und Sie in Stress versetzen. Wut ist zwar eine natürliche Emotion für jeden Menschen, aber sie äußert sich häufig als unerwünscht und unvernünftig.

Sie können lernen, wie Sie Ihren Groll loslassen können.
Die gute Nachricht ist, dass Sie Ihre Wutgewohnheit durchbrechen und lernen können, den Groll loszulassen.

Chronischer Ärger ist eine erlernte Eigenschaft.
Wenn Sie in einer gewalttätigen Familie aufgewachsen sind und in der Vergangenheit häufig Opfer des wütenden Verhaltens eines anderen waren oder wenn Sie in irgendeiner Weise für

Ihren Ärger belohnt wurden, können Sie chronische Wut entwickeln.

Sich seines Ärgers bewusst zu werden, sich darauf vorzubereiten, sich in Zukunft anders zu verhalten, Maßnahmen zu ergreifen, indem man sich Hilfe sucht, um seine Emotionen zu kontrollieren, und dann seine neue Sichtweise aufrechtzuerhalten, sind einige Methoden, um mit der Umkehrung dieser Empfindungen zu beginnen.

Strategien zum Loslassen von Wut

1. Erkennen Sie, woher Ihre Wut kommt.
Erkennen Sie, wann Sie verärgert sind, und versuchen Sie, die Ursache dafür herauszufinden. Ist der Grund etwas, das Sie beeinflussen oder ändern können, oder liegt er außerhalb Ihrer Kontrolle? Wird Ihre Wut von jemandem provoziert, den Sie nie wieder sehen werden, z. B. von einem Supermarktangestellten oder einer Restaurantbedienung, oder werden Sie von einem Familienmitglied oder einem Freund wütend gemacht?

Das ist wichtig zu verstehen, denn der Ärger, den Sie im Umgang mit Ihnen nahestehenden Personen empfinden, ist eine ständige Anstrengung. Die beste Taktik in solchen Fällen ist es, der Situation zu entkommen, sich zu entspannen, seine Gedanken neu zu strukturieren oder seinen Ärger direkt in einem ruhigen und angemessenen Ton mitzuteilen.

Eine andere Methode, um herauszufinden, was Ihre Wut auslöst, besteht darin, einen Schritt zurückzutreten und Ihr Leben zu bewerten. Sind Sie genau da, wo Sie zu diesem Zeitpunkt sein wollten? Wahrscheinlich sind Sie frustriert, weil

Ihr Leben nicht Ihren Erwartungen entspricht oder weil Sie nicht die Erwartungen erfüllen, die Sie glauben, dass andere an Sie haben.

Ungesunde Beziehungen und frühere Erfahrungen schüren häufig Wut. Wenn eine Person oft verletzlich ist oder durch eine frühere Verletzung in ihrer Beziehung ausgelöst wird, kann die Wut das Leiden überdecken. Wenn Sie ein früheres Ereignis ausfindig machen können, das Ihr Leben immer noch verletzt, müssen Sie sich diesem Ereignis direkt stellen, um es loszulassen.

2. Üben Sie Entspannungstechniken.
Einfache Entspannungstechniken können dabei helfen, wütende Gefühle zu lindern. Wenn Sie diese Taktiken häufig anwenden, wird es Ihnen leicht fallen, sie einzusetzen, wenn Sie eine aufsteigende Wut spüren. Es ist wichtig, herauszufinden, welche Methoden am besten funktionieren, um Ihre Gedanken klarer zu verarbeiten.

Viele Menschen nutzen zum Beispiel die Aromatherapie, um sich zu entspannen. Ätherische Öle sind ein hervorragendes Mittel zum Stressabbau und eine leicht verfügbare Entspannungstechnik, egal ob Sie sie in einem Bad oder in einem Diffusor verwenden. Aromatherapie ist allerdings nicht immer verfügbar, sodass für viele Menschen auch das Hören von Entspannungsmusik eine beliebte Methode ist. Dies kann Ihnen dabei helfen, Ihre Aufmerksamkeit von dem aktuellen Problem abzulenken und Ihre Gedanken neu zu fokussieren.

3. Nehmen Sie sich eine kurze Auszeit.
Es ist wichtig zu erkennen, wann Sie eine Pause machen sollten. Wenn Sie merken, dass Sie wütend werden, während

Sie etwas tun oder mit jemandem sprechen, entschuldigen Sie sich einfach. Nehmen Sie sich ein paar Minuten Zeit, um Ihre Gedanken zu sammeln, bevor Sie gehen, damit Sie die schrecklichen Gefühle loslassen können. Bevor Sie sprechen, nehmen Sie sich etwas Zeit, um zu überlegen, wie Sie antworten wollen.

Eine Pause bewahrt Sie davor, etwas zu sagen, das Sie später bereuen, weil Sie wütend waren. Wenn Sie sich wirklich eine Auszeit gönnen wollen, suchen Sie sich einen ruhigen Ort, der Sie ebenfalls beruhigt. Ziehen Sie einige Entspannungstechniken in Betracht, z. B. langsames, tiefes Atmen und Achtsamkeitsübungen, die Ihnen helfen, sich in dieser Zeit zu entspannen.

Überlegen Sie sich, was Sie sagen werden, wenn Sie Ihre Wut gelegt haben und bereit sind, auf das Thema zurückzukommen. Wenn Sie sich erneut mit der Person unterhalten, sagen Sie ihr, wie sehr Sie ihre Geduld schätzen und wie dankbar Sie für die Gelegenheit sind, sich zu entspannen.

4. Bewegen Sie sich täglich.

Stress und Ärger können durch körperliche Aktivität wirksam abgebaut werden. Körperliche Aktivität ermöglicht es Ihnen, Ihre Gefühle auszudrücken. Ein täglicher Spaziergang oder Lauf kann Ihnen helfen, sich allgemein zu entspannen. Bewegung kann auch dazu beitragen, dass Ihr Körper Endorphine freisetzt, wodurch Sie sich besser fühlen und Ihr Stressniveau auf natürliche Weise gesenkt wird.

Ein gesunder Zeitvertreib, wie z. B. Sport, wird Ihnen helfen, sich zu entspannen, indem Sie Ihren Geist beschäftigen. Probieren Sie vielleicht ein paar Dinge aus bis Sie etwas finden, das Ihnen gefällt. Das wird Sie motivieren, eine Pause von Ihrer Routine zu machen, und gleichzeitig Ihr Selbstwertgefühl stärken.

5. Finden Sie praktikable Lösungen.

Konzentrieren Sie sich nicht auf die Quelle Ihrer Wut, sondern versuchen Sie, eine Lösung zu finden. Kommt Ihr Partner zum Beispiel immer zu spät zum Essen? Finden Sie eine echte Lösung, anstatt sich jeden Abend mit diesem Drama herumzuschlagen. Vielleicht können Sie und Ihr Partner vereinbaren, an bestimmten Abenden allein zu essen, oder Sie können Mahlzeiten für spätere Abende vereinbaren, um seinen Zeitplan besser zu berücksichtigen.

Sie müssen die Dinge anerkennen, über die Sie keine Kontrolle haben, und akzeptieren, dass Sie sie nicht ändern können. Wenn Sie wissen, was Sie kontrollieren können, können Sie Ihre begrenzten Ressourcen optimal nutzen. Sie können die Zeit, die Sie damit verschwenden, sich Sorgen zu machen und zu versuchen, unkontrollierbare Probleme zu lösen, für beeinflussbare Dinge nutzen und so Fortschritte erzielen.

6. Seien Sie nicht nachtragend.

Groll zu hegen, schadet Ihrer Gesundheit mehr als der des anderen. Sie zehren nicht nur an Ihrer Lebenskraft, sondern vergiften auch Ihren emotionalen Zustand.

Auch wenn Sie wirklich beleidigt wurden, sollten Sie versuchen, Mitgefühl zu zeigen, anstatt sich wie ein Opfer zu verhalten. Gedanken, in denen es um Vergebung geht, helfen Ihnen, sich besser unter Kontrolle zu fühlen und Ihre physiologische Stressreaktion zu minimieren, wodurch Sie sich weniger wütend fühlen.

7. Vergebung üben

Vergebung kann viele Formen annehmen, aber in der Regel bedeutet sie eine bewusste Entscheidung, wütende Gefühle und Rachegedanken loszulassen. Wenn Sie dies getan haben, wird Ihre Wut nicht länger Ihre Energie aufzehren und Sie können sich entspannen.

Die Tat, die Ihnen Schaden zugefügt hat, wird Ihnen vielleicht für immer im Gedächtnis bleiben, aber Vergebung wird Sie aus dem Griff des Vorfalls oder der Person, die Ihnen Schaden zugefügt hat, befreien. Wenn Sie jemandem vergeben, tun Sie das nicht um seinetwillen. Stattdessen tun Sie es, um die Kontrolle über Ihr Leben zurückzugewinnen und weiterzugehen. Das bedeutet nicht, dass Sie die schädliche Handlung vergessen oder sich davon freisprechen, aber es wird Ihnen eine gewisse Erleichterung verschaffen.

8. Stehen Sie zu Ihrem Ärger.

Bevor Ihre Wut die Kontrolle über Sie übernimmt, müssen Sie lernen, sie zu kontrollieren. Erkennen Sie Ihre Wut und sagen Sie sich, dass Sie es schaffen werden, es zu überwinden. Denken Sie daran, dass das Gefühl schnell vergehen wird und nur so stark wird, wie Sie es zulassen.

Die Logik unserer Gefühle ergibt nicht immer einen Sinn. Wenn Sie zum Beispiel als Kind von einem Elternteil verletzt wurden und immer noch wütend sind und darauf warten, dass jemand anderes es für Sie als Erwachsener wiedergutmacht, werden Sie nie darüber hinwegkommen. Sie müssen die

Verantwortung für Ihren Ärger übernehmen und sich mit ihr auseinandersetzen, um weiterzuleben. Sie sind der Einzige, der Macht über Ihre Gefühle hat.

9.   Sprechen Sie mit einem Freund.
Wenden Sie sich an einen engen Freund, von dem Sie wissen, dass er Ihnen seine ungeteilte Aufmerksamkeit schenken wird. Erlauben Sie ihm, Ihre Wut und Frustration zu hören und Feedback zu erhalten. Ein guter Freund kann Ihnen vielleicht helfen, eine Situation neu zu betrachten und sie aus einer neuen Perspektive zu sehen.

Es ist auch schön, Dampf abzulassen. Es könnte eine gute Idee sein, Ihren Schimpftiraden Grenzen zu setzen. Fragen Sie z. B. einen Freund, ob Sie fünf Minuten plaudern können und geben Sie sich dann selbst genau diese Zeit zum Schimpfen. Achten Sie darauf, wie oft Sie sich wiederholen; Sie werden wahrscheinlich feststellen, dass Sie dies häufig tun, um einen Punkt zu betonen. Setzen Sie sich Zeitlimits, die Ihnen helfen, am Ball zu bleiben, Ihre Gedanken zu ordnen und sich auf eine Lösung zu konzentrieren.

10. Sagen Sie positive Affirmationen auf.
Wut, die zurückkommt, ist eine Bestätigung. Negative Affirmationen müssen durch positive Affirmationen ersetzt werden. Sie können sich entscheiden, in einer Weise zu denken, die ein schlechtes geistiges Umfeld für Sie selbst und andere um Sie herum fördert, oder Sie können in einer Weise zu denken, die ein gesundes geistiges Umfeld für Sie selbst und andere um Sie herum fördert.

Sagen Sie sich, dass Sie das Sagen haben und dass niemand die Macht hat, Ihnen das Gefühl zu geben, minderwertig zu sein. Wenn Sie anfangen, sich aufzuregen, wird Ihnen das helfen, sich zu beruhigen. Lernen Sie, sowohl aktuelle als auch zukünftige Affirmationen zu üben, damit Sie diesen Ansatz nutzen können, um Ärger zu vermeiden und zu bewältigen, wenn er aufkommt.

11. Sich in einem Tagebuch ausdrücken

Die vielleicht geschickteste Strategie, um Ihren Unmut mitzuteilen und zu verstehen, ist das Niederschreiben in einem Notizblock. Sie können Ihre Gedanken sorgfältig verarbeiten, indem Sie sie aufschreiben.

Sie haben die nötige Kontrolle, um Ihre Reaktionen zu bewerten, nachdem Sie die grundlegenden Gründe für Ihre Wut ermittelt haben. Indem Sie Ihre Selbstwahrnehmung schärfen und über Ihre Wut schreiben, können Sie aus ihr lernen und konstruktive Maßnahmen ergreifen, um sich in Zukunft zu schützen.

Anstatt Ihre Gefühle aufzuschreiben, können Sie auch zeichnen oder malen. Dies ist auch eine gute Möglichkeit, ein Tagebuch zu führen. Um sich selbst zu helfen, zeichnen Sie, wie Ihre Wut aussieht, und drücken Sie sich so kreativ aus.

12. Ändern Sie Ihr Umfeld.

Es kann sein, dass Sie von Ihrer Umgebung irritiert werden. Sie fühlen sich vielleicht festgefahren. Sie können dies vermeiden, indem Sie Ihre persönliche Zeit zu einer Priorität machen.

Möglicherweise neigen Sie aufgrund von Faktoren in Ihrer Umgebung eher zu Wut. Wenn Sie z. B. morgens häufig gereizt sind, weil Sie sich abhetzen, um alle für den Tag vorzubereiten, sollten Sie versuchen, diese Anspannung am Vorabend abzubauen, damit Sie sich am Morgen weniger anstrengen müssen.

Wenn Sie eine schlechte Beziehung hinter sich haben, sollten Sie sich von allem fernhalten, was Sie an die Person erinnert, die Sie verletzt hat. Dazu gehört, dass Sie keine Orte aufsuchen, an denen Sie früher gemeinsam Zeit verbracht haben, und dass Sie keine Musik hören, die Sie an die Person erinnert. Möglicherweise müssen Sie einen anderen Weg zur Arbeit oder zur Schule nehmen, um nicht an diese Person erinnert zu werden, und Sie müssen Ihre Routine ändern, um schlechte Gedanken zu vermeiden.

13. Mehr Selbstvertrauen gewinnen

Die Verbesserung Ihrer Selbstwahrnehmung kann Ihnen dabei helfen, zu verhindern, dass sich Ihr Ärger manifestiert. Die Entwicklung der Fähigkeit, auf Ihre Gedanken zu achten und einige Ihrer negativen Ideen zu analysieren, ist notwendig, um sich Ihrer falschen Überzeugungen bewusst zu werden. Wenn Sie verstanden haben, was Ihre Wut auslöst, können Sie Ihre Strategien einsetzen, um die Dynamik in Ihrem Kopf zu verändern, die Ihre Gefühle auslöst.

Die Ergebnisse Ihrer Selbsterfahrungsaktivitäten können zu einer dauerhaften Veränderung führen, wenn Sie sich selbst lieben und eine Opfermentalität vermeiden können. Die Selbsterfahrung kann die grundlegenden Bestandteile oder Empfindungen identifizieren, die Ihren Ärger auslösen, wie z. B. Angst oder Schmerz.

14. Lachen

Können Sie sich an einen Moment erinnern, in dem Sie über etwas gelacht haben, das Sie wütend gemacht hat? Da Komik sowohl therapeutisch als auch inspirierend ist, kann dieser Moment transformativ sein. Sie können die Kontrolle über etwas gewinnen, wenn Sie darüber lachen können, anstatt zuzulassen, dass es Macht über Sie hat.

Wie man Von Reue loslassen kann

Sie sind nicht allein, wenn Sie sich fragen, wie Sie das Bedauern loslassen können. Es ist leicht, zurückzublicken und an all die Dinge zu denken, die man hätte anders machen können, besonders nach einem Jahr voller Verluste und Umwälzungen. Ganz gleich, ob Sie etwas Großes bereuen - z. B. die Ablehnung eines Stipendiums in Ihrem letzten Jahr am Gymnasium - oder etwas Kleines - z. B. eine verletzende Bemerkung im Alltag -, es ist gut, wenn Sie herausfinden, wie Sie aus dem Bedauern lernen und es dann loslassen können.

"Es gibt Menschen, die behaupten: 'Ich verbringe mein Leben ohne Bedauern', aber ich glaube, wenn wir es ein wenig zerlegen, werden wir sehen, dass so ziemlich jeder [sie] hat", sagt Neal Roese, Ph.D., Sozialpsychologe und Professor für Marketing an der Kellogg School of Management der Northwestern University.

Nach Dr. Roese ist Bedauern ein negatives Gefühl, das auf kontrafaktischem Denken beruht. Kontrafaktisches Denken bedeutet, dass wir zurückblicken und uns hypothetische Situationen ausdenken, um uns einzureden, dass die Dinge anders hätten laufen können. Nehmen wir an, Sie bedauern, dass Sie sich in Ihrer vergangenen Beziehung nicht mehr Mühe gegeben haben. In diesem Fall kann das Bedauern dazu führen, dass Sie glauben, Ihre Handlungen hätten alles wieder in Ordnung bringen können oder dass Sie niemals einen anderen finden werden. Dr. Roese fährt fort: "Unsere Gehirne sind unglaublich geschickt darin, diese alternativen Universen, in denen wir Dinge anders hätten machen können, zu erweitern oder zu erfinden. "Und vieles davon wird von unseren Wünschen, Bedürfnissen und Sehnsüchten gesteuert." Es ist einfach eine Manifestation unseres Wunsches, dorthin zu gelangen."

Auch wenn Reue ein unvermeidlicher Aspekt des Lebens ist, kann es seinen Nutzen überdauern. Und warum? Der Wunsch, etwas zu erreichen, kann ein Katalysator für Entwicklung und Fortschritt sein, aber er kann uns auch in eine Abwärtsspirale aus Negativität und Verzweiflung führen. Wenn Sie also Schwierigkeiten haben, das Bedauern loszulassen, finden Sie hier neun kleine Schritte, die Sie unternehmen können, um etwas Abstand zwischen sich und Ihr Bedauern zu bringen.

1. Machen Sie eine Liste der gelernten Lektionen und greifen Sie darauf zurück, wenn Sie eine Erinnerung brauchen.

Menschen, die erklären: "Ich bereue nichts", verleugnen nicht immer etwas (obwohl sie es vielleicht tun). Laut Robert Allan, Ph.D., L.M.F.T., einem Trainer für emotionsorientierte Therapie und Assistenzprofessor für Ehe- und Familientherapie an der Universität von Colorado, Denver, "besteht die Möglichkeit, dass sie ihr Bedauern nutzen konnten, um aus ihrem Verhalten zu lernen". Laut Dr. Roese ist das Bedauern ein wichtiger Aspekt der Zielsetzung, weil es Ihnen ermöglicht, ein ähnliches Ergebnis in der Zukunft zu vermeiden. Wenn Sie in der Frage ertrinken, was Sie hätten tun oder sagen können, machen Sie stattdessen eine Liste mit dem, was Sie gelernt haben und wie Sie sich verändert haben. Sie können auch den gegenwärtigen Moment nutzen, um die Lektion aufzudecken statt nur sehen zu können, wie schlecht das Leben im Moment aufgrund Ihrer Katastrophe ist. Anstatt zu denken: "Oh, wenn jetzt nur alles anders wäre!", sollten Sie überlegen, was die Enttäuschung, der Ärger oder das Bedauern, das Sie erleben, Sie lehren. Es ist unmöglich, die Vergangenheit zu ändern, aber Sie können viel über sich selbst lernen, wenn Sie Ihre Gefühle untersuchen.

2. Überdenken Sie Ihr "Best-Case-Szenario".
Dr. Roese stellt fest: "Bedauern konzentriert sich darauf, was man hätte anders machen können." Tatsache ist, dass Sie nicht wissen können, ob die Dinge anders gelaufen wären, wenn Sie eine andere Entscheidung getroffen hätten. Wenn Sie beispielsweise bedauern, dass Sie nicht mehr Geld gespart haben, dann ist der Gedanke, dass "alles wunderbar gewesen wäre, wenn ich mich an einen Sparplan gehalten hätte", nicht hilfreich. Sparen mag im Moment hilfreich sein, aber möglicherweise haben andere Variablen zu Ihrer aktuellen Situation beigetragen. Auch wenn es jetzt nicht offensichtlich ist, könnten sich einige Bereiche Ihres Lebens durch Ihre zusätzlichen Ausgaben verbessert haben. Dr. Roese schlägt vor, dass Sie, anstatt ein Szenario zu entwerfen, das optimistisches Denken zu sehr betont, überlegen, wie eine alternative Option Sie negativ beeinflusst haben könnte.

"Dies ist nur eine weitere Möglichkeit, Kontext und Perspektive zu gewinnen", erklärt Dr. Roese und fügt hinzu, dass "es andere Gründe gibt, warum ein Moment schlechter verlaufen wäre, wenn Sie sich etwas mehr Mühe gegeben hätten", und dass "selbst unter den Entscheidungen, die Sie bedauern, wahrscheinlich Beweise dafür zu finden sind, dass Sie auf dem Weg dorthin etwas Brillantes getan haben". Und wenn Sie inmitten Ihrer Reue Probleme haben, eine einzige kluge Entscheidung zu treffen, erinnern Sie sich an den ersten Tipp: Vielleicht ist dieses Szenario entstanden, um Ihnen eine Lektion zu erteilen, bevor der Einsatz noch größer wird. Wenn Sie dies lesen, haben Sie noch Zeit, Ihre Meinung zu ändern.

3. Versuchen Sie, sich selbst zu verzeihen.
Bedauern ist ein Zeichen dafür, dass Sie persönliche Maßstäbe für Ihre Lebensführung haben, aber Dr. Roese betont, dass es zum Menschsein gehört, gelegentlich hinter diesen Zielen zurückzubleiben. Wenn das passiert, müssen Sie sich mit ziemlicher Sicherheit selbst verzeihen.

Es gibt kein Wundermittel, das Ihnen hilft, sofort eine bessere Sichtweise auf alles zu haben, was Sie bedauern. Dennoch könnten Sie anfangen, alles aufzugeben, indem Sie sich für alle vermeintlichen Kränkungen entschuldigen und damit abfinden. Wenn Sie sich selbst verzeihen müssen, haben wir einige Vorschläge. Der erste ist allerdings, so zu tun, als ob Sie mit einem Kumpel (statt mit sich selbst) sprechen würden. Das könnte Ihnen helfen, Selbstmitgefühl zu entwickeln und das Bedauern zu überwinden.

4 Lenken Sie sich ab, indem Sie etwas Neues ausprobieren.
Dr. Roese zufolge kann sich unser Bedauern in Grübeleien verwandeln, wenn wir uns in unseren aktuellen Umständen festgefahren fühlen. Dr. Roese schlägt vor, etwas Neues auszuprobieren, wenn die Epidemie dazu führt, dass man zu Hause sitzt und über bedauerliche Erlebnisse grübelt (und zu viel darüber nachdenkt). Es muss sich dabei nicht um eine dramatische Situation handeln. "Das Heilmittel besteht darin, neue Dinge auszuprobieren und auf irgendeine Weise aus der Routine auszubrechen", erklärt Dr. Roese. Ein gewöhnlicher

Spaziergang wird zu einem Erlebnis, indem Sie eine neue Route wählen. Oder Sie kaufen etwas, das Sie normalerweise nicht online bestellen würden. Die Monotonie zu durchbrechen hilft nicht nur, Grübeleien zu vermeiden, sondern hat auch noch einen anderen Vorteil: Kleine Methoden, sich selbst zu überraschen und neue Dinge auszuprobieren, können laut Dr. Allan dazu beitragen, dass Sie "Vertrauen in Ihr Potenzial haben, zu lernen und zu wachsen". Und wenn Sie das Gefühl haben, dass es mehr Leben zu leben (und mehr Fehler zu machen) gibt, können Sie Abstand zwischen sich und das Bedauern bringen.

5. Falls erforderlich, nehmen Sie Korrekturen vor.
Ähnlich wie das Verzeihen bei sich selbst ein Gefühl der Erleichterung hervorrufen kann, betrifft Ihr Bedauern manchmal auch andere Menschen. Es ist angemessen, sich zu entschuldigen und Wiedergutmachung zu leisten, wo immer dies möglich ist. Wenn Sie zum Beispiel bedauern, dass Sie Ihre Familie nicht gesehen haben, als Sie die Gelegenheit dazu hatten (z.B. vor der Pandemie), könnten Sie sie anrufen und sich dafür entschuldigen.

In anderen Fällen ist es jedoch vielleicht nicht angebracht oder sogar unmöglich, sich zu melden. Das Bedauern kann uns dazu verleiten, zu glauben, dass es sinnvoll ist, sich bei unserem Ex aus der Mittelstufe zu entschuldigen. Dagegen ist nichts einzuwenden, aber prüfen Sie zuerst, ob Sie mit sich selbst im Reinen sind. "Die Person 30 Jahre später zu kontaktieren, ist vielleicht nicht akzeptabel", erklärt Dr. Allan. Es könnte in Ordnung sein, sich zu melden, wenn Sie glauben, dass Ihre verspätete Entschuldigung jemandem einen echten Dienst erweisen würde. Es kann besser sein, die Dinge nur für sich selbst zu regeln, wenn Sie der Einzige sind, der sich hinterher besser fühlen wird.

6. Erstellen Sie eine Liste mit Ihren Bedauern (und überprüfen Sie sie dann auf Fakten).

Es mag widersprüchlich klingen, aber es könnte hilfreich sein, über Ihr Bedauern zu schreiben, wenn Sie sich dabei ertappen, wie Sie darüber nachdenken.

Wenn Sie Ihre negativen Gedanken aufschreiben, können Sie sie noch einmal überprüfen. Hätte es Ihr Leben beeinflusst, wenn Sie auf eine andere Schule gegangen wären? Durch das Aufschreiben können Sie Ihrer Erzählung eine gewisse Skepsis und Perspektive verleihen.

Nehmen wir an, Sie schreiben auf, was Sie an der Uni bereuen, überprüfen die Fakten und stellen fest, dass Ihr Leben vielleicht ganz anders verlaufen wäre. Die Spezifität hingegen ist auf Ihrer Seite. Wenn Sie sich wünschen, dass Sie in der Vergangenheit selbstbewusster gewesen wären, können Sie jetzt daran arbeiten. Wenn Sie der Meinung sind, dass eine bessere Ausbildung Sie auf einen neuen Karriereweg vorbereitet hätte, ist es vielleicht an der Zeit, ein paar Optionen für zukünftige Kurse zu prüfen. Es ist wichtig, sich daran zu erinnern, dass das Leben viel komplizierter ist als ein einziges Bedauern, ob man es nun erkennt oder nicht. Dr. Roese stellt klar: "Es ist nicht Ihr ganzes Leben."

7. Versuchen Sie es mit einem Trauertagebuch.

Bedauern ist in gewisser Hinsicht eine Art von Traurigkeit. Oft beklagen Sie unerfüllte Träume für sich selbst oder eine Zukunft, die vielleicht nie in Erfüllung geht. Es ist auch denkbar, dass Ihr Bedauern auf den Verlust eines geliebten Menschen zurückzuführen ist. In bestimmten Fällen kann das Führen eines Trauer-Notizbuchs Ihnen zur Verarbeitung von Gefühlen helfen. Sie können alles, was Sie empfinden, in Ihr Tagebuch schreiben. Sie können aber auch über andere schwierige Ereignisse oder Fehler schreiben, denen Sie begegnet sind, und darüber, wie Sie mit ihnen umgegangen sind. Anstatt sich auf das zu konzentrieren, was Sie in Bezug auf Ihr Bedauern für wahr halten (z. B. "Ich werde nie mehr derselbe sein"), sollten Sie eine Liste mit Zukunftsfragen erstellen: Was brauche ich in diesem Moment? Ich kann nicht ändern, was in der Vergangenheit passiert ist, aber wie möchte ich meine Zeit jetzt und in Zukunft verbringen? Sie können auch frei schreiben und Ihre Arbeit später überprüfen, um zu beobachten, wie sich Ihre Einstellung zum Bedauern entwickelt hat.

8. Suchen Sie nach Menschen, die dasselbe Bedauern empfinden wie Sie.

Bedauern ist ein natürliches menschliches Gefühl und auch wenn manche Menschen behaupten: "Ich verbringe mein Leben nicht mit Bedauern.", besteht die Möglichkeit, dass sie etwas Ähnliches erlebt haben. Anstatt sich auf Ihr Problem zu konzentrieren, sollten Sie fragen, ob Ihre Freunde etwas Ähnliches erlebt haben oder ob Sie Erzählungen und Selbsthilfegruppen finden können, die sich an Menschen mit ähnlichen Problemen wenden. Dr. Roese fügt hinzu, dass Bedauern kurzsichtig ist; daher hilft es, mit anderen Menschen zu sprechen und sich die Erfahrungen anderer anzuhören, um die eigene Perspektive über den gegenwärtigen Zeitpunkt hinaus zu erweitern.

9. Wenn Ihre Ideen Ihre Stimmung beeinträchtigen, sprechen Sie mit jemandem.

Dr. Roese zufolge kann das Wiederkäuen von Bedauern die Symptome von psychischen Problemen wie Depressionen verstärken. Wenn Sie also mit Ihrem Bedauern überfordert sind, wenn es depressive oder ängstliche Gedanken auslöst oder wenn Sie anfangen, sich überfordert zu fühlen, sollten Sie einen Experten für psychische Gesundheit um Hilfe bitten. Die Arbeit mit einem Therapeuten unter vier Augen kann Ihnen helfen, Ihre Gefühle zu verarbeiten.

Wie man die Verleugnung loslässt

Verleugnen Sie nach einer Trennung oder in Ihrer gegenwärtigen Beziehung alles? Wollen Sie lernen, wie sie ihre Verleugnung loslassen können? Dann sind Sie bei uns richtig. Wir werden herausfinden, warum wir in die Verleugnung geraten, wie wir die Anzeichen erkennen und wie wir sie loswerden können, damit Sie sich aus schrecklichen Situationen befreien und vorwärts gehen können.

Was ist also Verleugnung?

Was genau ist Leugnen? Ist das nicht ein bisschen lächerlich?

Die Definition von Leugnen lautet: "Der Zustand der Weigerung, die Wahrheit oder die Existenz von etwas zu akzeptieren" oder "die Weigerung, (etwas Gesuchtes oder Gewünschtes) (jemandem) anzubieten". Leugnen ist jedoch mehr als eine einfache Definition.

Verleugnung ist im Grunde genommen eine Bewältigungstechnik. Indem Sie sich weigern, die Wahrheit über die Geschehnisse in Ihrem Leben anzunehmen, versuchen

Sie, sich vor den Dingen zu schützen, die Ihnen Angst machen oder bei denen Sie sich außer Kontrolle fühlen.

Sie fürchten sich vor der Konfrontation mit dem Problem, also geben Sie sich entweder Zeit, sich an eine schwierige Situation zu gewöhnen, oder - was noch schlimmer ist - Sie versuchen, sie ganz zu vermeiden.

Das Problem dabei ist, dass man damit den Kopf in den Sand steckt. Im Moment fühlen Sie sich vielleicht sicher und wohl. Aber das ist nur ein falsches Gefühl der Sicherheit, das nur kurze Zeit anhält, weil man sich letztlich vor der Realität versteckt.

Dadurch wird das Problem nicht verschwinden oder sich ändern. In Wirklichkeit ist die Übernahme der Verantwortung für die Situation die einzige Möglichkeit, sie zu ändern. Wenn man in Verleugnung lebt, macht man die Dinge in der Regel nur noch schlimmer.

Wir sehen das oft bei toxischen Beziehungen und nach traumatischen Trennungen. Deshalb müssen Sie mutig sein, um Sich dem zu stellen, was man nicht wahrhaben will. Verleugnung wird sonst zu einer Ablehnung, sich selbst wirkliche Freiheit zuzugestehen.

Anzeichen für Verleugnung

Man kann Dinge verleugnen, die einem selbst oder anderen widerfahren (oder widerfahren sind) und die allgemein geschehen (oder geschehen sind).

Ein Beispiel: Wie bereits gesagt, ist eine schlechte Beziehung ein Szenario, das sowohl Sie als auch eine andere Person betrifft.

Wenn Sie sich weigern, einen schlechten Umstand anzuerkennen, verleugnen Sie ihn höchstwahrscheinlich. Sie wissen, dass es nicht so sein sollte, aber Sie erfinden Ausnahmen, geben Erklärungen ab, versuchen es zu rationalisieren oder tun es ab.

Sie könnten auch versuchen, die Konfrontation mit der Realität des Problems zu vermeiden, indem Sie sich selbst davon überzeugen, dass es nicht wahr ist. Oder Sie spielen die möglichen Auswirkungen des Problems herunter.

Verleugnung kann sich auch auf folgende Weise äußern:
- Sie vermeiden es, über die Bedenken zu sprechen.
- Sie gehen Verpflichtungen ein, von denen man weiß, dass man sie nicht einhalten kann, oder Sie "glauben" Versprechen, von denen man weiß, dass sie nicht eingehalten werden.
- Sie versuchen, Ihre Handlungen (oder die Handlungen anderer) zu rechtfertigen.
- Sie schieben die Schuld für ein Problem, das Sie selbst verursacht haben, anderen zu.
- Sie ignorieren Ratschläge und Sorgen von Angehörigen.
- Sie nehmen eine schützende Haltung ein oder kapseln sich völlig von anderen ab.
- Sie wenden ZU VIELE Mühen auf, um etwas zu reparieren, damit man sich nicht eingestehen muss, wie furchtbar die Dinge sind.
- Sie vergeben, tolerieren und lassen weit mehr zu, als man sollte.

Sie können wütend, ängstlich, verärgert, distanziert oder einfach unglücklich sein. Ein Leben in Verleugnung hat täglich erhebliche Auswirkungen auf Ihre psychische Verfassung.

Wie man die Verleugnung loslässt

Wie geht man also vor? Wie kann man die Verleugnung am besten loslassen? Der erste Schritt besteht darin, sich einzugestehen, dass man etwas verleugnet, was vielleicht der schwierigste Aspekt ist - es zu erkennen, aber auch zuzugeben.

Erkennen Sie, dass Sie etwas verleugnen.
Die gute Nachricht ist, dass, wenn Sie es bis hierher geschafft haben, ein Teil von Ihnen weiß, dass Sie etwas verleugnen.

Ich hoffe, dass die oben erwähnten Signale Ihnen dies verdeutlicht haben und dass dieser Beitrag als Ganzes es für Sie verdeutlicht hat - es an die Oberfläche gebracht hat, damit Sie es bemerken.

Es ist möglich, dass es Sie auch nicht völlig schockiert. Vielleicht haben Sie schon immer gewusst, dass Sie etwas verleugnen, aber Sie haben es nie als solches bezeichnet oder sich erlaubt, weiter zu gehen.

Nun, da Sie dies getan haben, bestätigen Sie es. Vergewissern Sie sich, dass Sie verstehen, worum es geht. Bringen Sie die Dinge schnell hinter sich. Seien Sie ehrlich zu sich selbst.

Verbalisieren Sie es, um es real zu machen.
Wenn Sie es in Ihrem Kopf richtig verdaut haben, ist der nächste Schritt, es zu verbalisieren. Es ist klug, es mit einem Partner oder Verwandten zu besprechen. Es ist an der Zeit, es sich von der Seele zu reden. Jemand kann Sie dann in irgendeiner Weise "zur Rechenschaft ziehen".

Dies ist ein entscheidender Abschnitt. Wenn Sie es laut aussprechen, teilen Sie es mit jemand anderem und es wird wahr. Sie sind aus ihrem Versteck herausgekommen. Sie müssen es erkennen, akzeptieren und handeln.

Andernfalls ist es nur allzu einfach, sich in sein Gehirn zurückzuziehen und es zu verdrängen ... und genau das will die Verleugnung von uns erreichen. Lassen Sie das also nicht geschehen. NUTZEN SIE DEN MOMENT. Ergreifen sie diese Macht JETZT, indem Sie sie zurückfordern.

Um Ihre Sorgen und Ängste besser zu verstehen, sprechen Sie mit einem Freund oder einem Familienmitglied, wenn Sie Ihre Beziehung verleugnen und noch nicht mit Ihrem Ehepartner darüber sprechen wollen.

Denken Sie daran, dass es nicht unbedingt etwas Schreckliches sein muss, wenn Sie sich mit Verleugnung auseinandersetzen. Sie ist nicht unbedingt etwas, wovor man Angst haben muss. Normalerweise vermeidet man es, sich ihr zu stellen, weil sie Veränderungen mit sich bringt - sie zwingt einen dazu, aus der eigenen Komfortzone herauszutreten, was beängstigend sein kann.

Und bevor Sie fragen: Was ist so schwierig daran, die Verleugnung dessen, wie Ihre letzte Beziehung wirklich war, loszulassen? Ist es nicht etwas Positives, das Sie wahrnehmen und ausdrücken können? Ja, das ist es. Aber es ist immer noch schwer zu erreichen, da es Ihren früheren Überzeugungen widerspricht.

Es verändert Ihre Sichtweise auf die Verbindung und die Bedeutung des Ganzen. Und die Welt durch eine rosarote Brille zu sehen, ist nicht immer angenehm - es kann einem das Gefühl geben, dass man Zeit verschwendet hat oder dass die

Dinge, die man für real hielt, nicht real sind. Das bringt mich zu meinem nächsten Punkt...

Verstehen Sie, wovor Sie Angst haben.
Um zu lernen, wie man die Verleugnung loslassen kann, muss man zunächst verstehen, warum man überhaupt verleugnet hat.

- Wovor haben Sie Angst? Was ist so schlimm daran?
- Was haben Sie versucht, an Auswirkungen oder Folgen zu vermeiden?
- Wovor fürchten Sie sich bei diesen Dingen am meisten?

Drehen Sie Ihre Gedanken in die andere Richtung.
Was auch immer der Grund für Ihre Leugnung war, wovor Sie Angst hatten, ich möchte, dass Sie Folgendes bedenken: Besteht auch nur die geringste Chance, dass die Dinge, vor denen Sie sich fürchten, nicht eintreten werden?

Gibt es eine Möglichkeit, Ihre Befürchtungen nicht wahr werden zu lassen? Die Wahrscheinlichkeit, dass sie eintreten, zu verringern?

Was ist die Kehrseite der Medaille... Was könnte sie bewirken?

Und wie viel kostet Sie die Verleugnung im Moment? Überlegen Sie, wie Sie sich fühlen, wie Sie sich finanziell fühlen oder wie Sie Dinge wie Zeit bewerten, die Sie nie wieder zurückbekommen werden.

Schüren Sie die Emotionen.
Alle oben genannten Fragen werden Sie dazu bringen, zu DENKEN... was fantastisch ist. Wir sind von der Vermeidung

zur Konfrontation übergegangen und jetzt gehen wir noch weiter in die Tiefe. Das wird Ihre Perspektive verändern und Ihre Gedanken dazu anregen, nach Antworten zu suchen.

Denken Sie sich so viele Gründe wie möglich aus, warum Sie die Verleugnung aufgeben müssen, und so viele schlechte Folgen wie möglich, was passieren wird, wenn Sie es nicht tun.

Die einfachste Methode, dies zu erreichen, besteht darin, Ihre Antworten auf die obigen Fragen aufzuschreiben. Schreiben Sie Ihre Antworten auf und erwägen Sie so viele Möglichkeiten, wie Sie können, von beiden Seiten. Aktivieren Sie dieses Gefühl. Dann, wenn es seinen Höhepunkt erreicht hat, nutzen Sie es zu Ihrem Vorteil.

Sofortige Maßnahmen ergreifen

Tun Sie in diesem Moment etwas, das Sie zwingt, nicht mehr in Verleugnung zu leben. Das Ziel ist es, in diesem Zustand zu sein, wenn es Ihnen am besten geht. Dann können Sie keinen Rückzieher mehr machen.

Nehmen wir also an, Sie verleugnen Ihre Beziehung und haben schon einmal jemandem, den Sie lieben und dem Sie vertrauen, davon erzählt. Sie haben sich aber nicht getraut, es Ihrem Partner zu sagen, weil Sie Angst davor hatten, was dann passieren würde.

Sie könnten schnell handeln, indem Sie Ihrem Ehepartner eine Nachricht schicken und sagen: "Ich würde gerne später mit dir über etwas sprechen, es ist wichtig". Wenn Sie es sagen, haben Sie sich dazu verpflichtet. Dann können Sie darauf aufbauen und anfangen, Dinge zu sagen. "Ich weiß, dass es schwierig ist, darüber zu sprechen, aber ich glaube, diese

Beziehung funktioniert nicht mehr.", können Sie sagen. "Und ich sage das nicht, um einen Streit anzufangen oder um ein Ende zu erzwingen. Ich sage es, weil wir jetzt darüber reden müssen. Wenn wir daran arbeiten und sie verbessern wollen, müssen wir darüber reden."

Hier kommen die Kommunikation und das Verständnis dafür, wie man Dinge richtig angeht, ins Spiel - aber das sind alles Fähigkeiten, die man lernen und üben kann.

Trotzdem müssen Sie dafür sorgen, dass ein Leben in Verleugnung keine Option mehr ist, wenn Sie loslassen wollen.

Let it Go

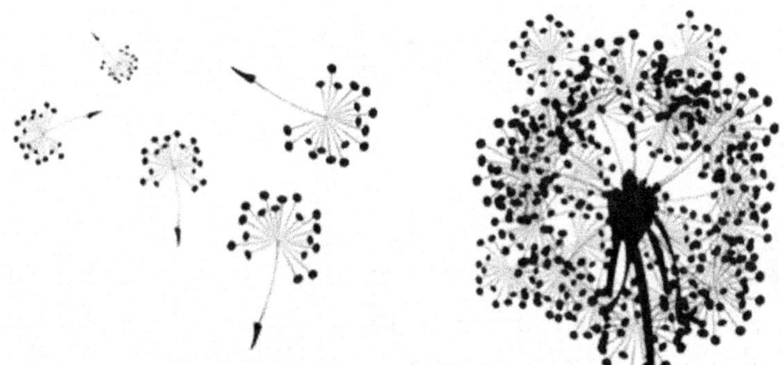

The **most** beautiful thing
we can learn, is how to let go;
of grudges, the past,
poisonous people.
It's a great measure
of courage.

WIE SIE UNORDNUNG IN IHREM SPIRITUELLEN LEBEN LOSLASSEN KÖNNEN.

In den meisten unserer Häuser hat sich am Ende des Jahres eine Menge angesammelt, sodass es manchmal unordentlich aussieht. Wir alle müssen unsere Häuser von Zeit zu Zeit entrümpeln, sei es im Herbst oder im Frühjahr.

Unsere Emotionen und unser Gehirn können genauso Staub und Unordnung ansammeln wie unsere physischen Räume. Wir könnten so sehr in "Dinge" vertieft sein, dass wir das Wesentliche aus den Augen verlieren.

Ist es an der Zeit, in Ihrem spirituellen Leben etwas Platz zu schaffen?

Warum muss ich mein spirituelles Leben entrümpeln?
Unser Leben kann von der Unordnung in unseren Häusern beherrscht werden. Wir suchen nach Dingen, die wir haben wollen, aber nicht finden können, weil es zu viele chaotische Haufen gibt.

Die vollgestopften Schränke und überquellenden Schubladen (Ich habe zwei!) scheinen darum zu betteln, dass wir sie ausmisten.

In unserem geistigen Leben kann das Gleiche passieren. Wir können geistige Unordnung so weit anhäufen, dass nur noch die Ecken und Spalten zwischen allem übrig bleiben.

Arten von geistiger Unordnung

Ein Übermaß an sozialen Medien, Nachrichten, Netflix oder Bildschirmzeit kann Ihre Gedanken blockieren.

Der Versuch, einen hektischen Zeitplan zu jonglieren, kann dazu führen, dass wir die wahren Pläne für uns aus den Augen verlieren.

Es ist allzu einfach, unsere verfehlten Verhaltensweisen in die Müllschublade zu stecken. Groll, Bitterkeit, Stolz und Wut sind alles Verhaltensweisen, die unsereren Beziehungen im Wege stehen.

Welchen emotionalen und geistigen Müll bewahren Sie in Ihrem geistlichen Schrank auf? Furcht, Angst, Sorgen, Schuld und Scham können in Ihre Gedanken eindringen und die Freude, den Frieden und den glücklichen Geist ersticken.

Es ist an der Zeit, Maßnahmen zu ergreifen, um Ihre spirituelle Gesundheit zu verbessern, sobald Sie Ihren "unordentlichsten" spirituellen Schrank bzw. Ihre "unordentlichen" Schränke gefunden haben.

Schritte zur Entrümpelung Ihres spirituellen Lebens

Gehen Sie in sich

Packen Sie Ihre Sachen aus.

Wie bei jeder anderen Entrümpelungsmethode müssen Sie den ganzen "Kram" herausholen und auspacken. Entscheiden

Sie, welchen spirituellen Schrank Sie entrümpeln wollen und sortieren Sie dann alles durch. Überlegen Sie Folgendes: Welche Tätigkeit oder Praxis hilft Ihnen, geistig zu wachsen?

Lassen Sie sich Zeit beim Auspacken, überstürzen Sie nichts. Hören Sie auf, wenn Sie überfordert sind und fangen Sie am nächsten Tag wieder an.

Loslassen und Aufgeben

Welche Aktivitäten müssen Sie beibehalten und welche müssen Sie aufgeben? Ist es an der Zeit, eine Einladung zur Teilnahme an einem Club, einer Studie oder einem Kurs abzulehnen? Es ist nicht unchristlich, "Nein" zu einer Gelegenheit zu sagen!

Gibt es etwas aus einer früheren Phase Ihres Lebens, das Sie loslassen können?

Gibt es etwas, das Ihnen nicht mehr dient, aber Sie haben es irgendwo versteckt? Holen Sie es heraus und lassen sie los.

Ruhe erlangen

Sie haben es geschafft! Herzlichen Glückwunsch! Kein Zeitplan, kein Studium, keine Aktivität kann uns das geben, was wir uns am meisten wünschen: Ruhe.

Let it Go

PHYSISCHE UNORDNUNG
UND GEISTIGE UNORDNUNG

Geistige Unordnung ist alles, was unseren Gedanken das Gefühl gibt, dass sie auf Hochtouren laufen. Das sind die Ideen, die wir haben, wenn wir wach sind. Wir wissen zwar alle, dass Denken ein notwendiger Bestandteil des Lebens ist, aber manche unserer Gedanken können es uns schwer machen, uns zu konzentrieren.

So kann geistige Unordnung aussehen.
Ein Übermaß an Informationen habe ich bereits erwähnt, aber kurz gesagt geht es darum, dass man zu viele Informationen zu verarbeiten hat, was zu geistiger Erschöpfung führt.

Erwartungshaltung
Dies ist der Fall, wenn wir uns wünschen, dass die Dinge oder die Menschen um uns herum auf eine bestimmte Art und Weise sind, aber das tun sie nicht. Vielleicht möchten Sie, dass Ihr Ehepartner das Geschirrtuch aufhängt, oder Sie hoffen, dass sich die Leute in Facebook-Kommentaren besser verhalten.

Aufgaben, die wir aufschieben
Diesen Anruf tätigen, die Wäsche falten, die Rechnung bezahlen - Diese Dinge sind immer in unseren Hinterköpfen.

Negative Emotionen. Stress, Angst, Sorgen, Furcht, Verlegenheit, Zorn und Frustration sind allesamt negative Emotionen, die uns ärgern.

Wir werden frustriert, abgelenkt und können uns den ganzen Tag über nicht konzentrieren, wenn wir nicht lernen, das Geschwätz unserer Gedanken zum Schweigen zu bringen.

In Sekundenschnelle wechseln wir von "Was ist mit den Nachrichten aus Florida?" zu "Ich muss diese E-Mail schreiben!" zu "Diese Instagram-Bildunterschrift!" zu "Wo wohnt Meghan Markle?".

Nach wissenschaftlichen Erkenntnissen wirkt sich psychische Überlastung negativ auf uns aus und kann zu Burnout und Nichterfüllung unserer Aufgaben beitragen. Ein Mangel an geistigem Freiraum verschlimmert Ängste und schlechte Entscheidungen.

Infolge der Überforderung schieben wir Aktivitäten auf, mit denen wir uns besser fühlen. Sie wissen, wie es sich anfühlt, wenn Sie nicht nachdenken wollen und stattdessen bis spät in die Nacht fernsehen.

Auswirkungen von Unordnung auf die psychische Gesundheit

Dieses körperliche, geistige und emotionale Durcheinander kann es schwierig machen, richtig zu denken, was zu Anspannung und Erschöpfung führt.

Unordnung kann es schwierig machen, Dinge zu erledigen, zu finden, was man braucht, und ein geordnetes und effektives Leben zu führen. Wir können uns ängstlich und besorgt fühlen, wenn wir jeden Tag Zeit mit der Suche nach unseren

Schlüsseln oder der einen Jeans verbringen und zulassen, dass sich diese negative tägliche Energie mit der Zeit aufbaut.

Das Durchsuchen von Unordnung kann sehr viel Zeit in Anspruch nehmen und von anderen wichtigen Aufgaben und der Selbstfürsorge ablenken.

Exzessive Unordnung

Wenn die physische Unordnung überwältigend wird, kann sie eine Person in einer problematischen häuslichen Umgebung gefangen halten, was zu emotionalen Ängsten und Gefühlen der Verdrängung und Einsamkeit beiträgt.

Ihr Haus sollte Ihr Refugium sein, ein sicherer Ort, an dem Sie sich entspannen können. Wenn es jedoch von Unordnung überwuchert ist, kann es Ihnen das Gefühl geben, dass es eher Ihr Feind als Ihr Zufluchtsort ist, was Ihr allgemeines Wohlbefinden stark beeinträchtigt.

Unordnung kann Ihr Sozialleben beeinträchtigen

Wenn unser Zuhause überfüllt ist, fällt es uns vielleicht schwer, den Raum für Aktivitäten zu nutzen, die wir gerne machen, wie Yoga oder Basteln. Wir schämen uns vielleicht auch, Besucher einzuladen, was unser soziales Leben erheblich beeinträchtigt und dazu führt, dass wir uns einsam und unzulänglich fühlen.

Wenn Sie Probleme haben, Dinge wegzuwerfen, oder sich von der Menge der Dinge in Ihrem Haus erdrückt fühlen, haben Sie wahrscheinlich zu viel Unordnung in Ihrem Leben.

Wenn Unordnung zum Horten führt

Physische Unordnung kann zu einer Besessenheit werden - ein Bedürfnis, mehr materielle Besitztümer zu erwerben, um eine Lücke zu füllen. Manchmal sind wir von so vielen Dingen umgeben, dass wir es nicht ertragen können, sie loszuwerden, weil sie für uns einen sentimentalen Wert haben oder uns in Zukunft glücklich machen könnten.

Die mangelnde Bereitschaft, sich von Gegenständen zu trennen, unabhängig von ihrem Wert, ist ein Symptom der Hortungsstörung. Diejenigen, die an einer Hortungsstörung leiden, finden es schwierig, ihre Besitztümer zu verwalten.

Das Problem des Hortens führt dazu, dass Menschen ohne jeglichen Organisationsplan verschiedene Dinge aufbewahren und bis zu dem Punkt lagern, an dem ihre Umgebung gefährlich werden könnte.

Personen mit einer Hortungsstörung bewahren eher Objekte mit sentimentaler Bedeutung oder Gegenstände auf, von denen sie glauben, dass sie sie in Zukunft brauchen könnten. Die Hortungsstörung kann praktisch jeden Bereich des Lebens einer Person beeinträchtigen, einschließlich persönlicher Beziehungen, beruflicher Verpflichtungen und sozialer Verpflichtungen.

Negative Folgen des Hortens

Sicherheits- und Gesundheitsprobleme, wie z. B. Brandgefahr, Stolperfallen und Verstöße gegen die Gesundheitsvorschriften, sind mögliche Folgen von erheblichem Horten. Beziehungsschwierigkeiten, Einsamkeit und Schwierigkeiten bei alltägliche Aufgaben wie Kochen und Baden, können die Folge von Horten sein.

Hamsterer können die folgenden Merkmale aufweisen:
- Unfähigkeit, Dinge loszuwerden
- Schwere Ängste beim Versuch, Dinge loszuwerden
- Die Organisation von Besitztümern ist schwierig.
- Scham über die Größe des persönlichen Besitzes
- Der Verdacht, dass andere Personen mit dem Zeug hantieren
- Angst, dass etwas nicht mehr vorhanden ist oder in Zukunft benötigt wird
- Zu den funktionalen Hindernissen zählen Wohnraummangel, soziale Isolation, familiäre oder eheliche Streitigkeiten und finanzielle Probleme.

Obwohl nicht jeder, der Unordnung in seinem Haus hat, ein Hortungsproblem entwickelt, ist es unmöglich, die Auswirkungen von Unordnung auf die psychische Gesundheit zu diskutieren, ohne das Horten zu erwähnen.

Vorteile für die psychische Gesundheit durch Entrümpeln (Loslassen von Unordnung)

Die meisten Menschen empfinden eine erhöhte Spannung, wenn sie sich in einer unaufgeräumten Umgebung befinden. Eine Studie ergab, dass Frauen, die ihre Wohnung in positiver Sprache beschrieben, niedrigere Werte des Stresshormons Cortisol aufwiesen als Frauen, die eine negative Sprache verwendeten.

Dennoch sind die Argumente für Entrümpelung nicht eindeutig. Einer anderen Studie zufolge ist eine aufgeräumte Umgebung zwar mit gesünderen Entscheidungen verbunden, aber eine chaotische Umgebung fördert Innovation und neue Ideen. Wenn Sie Kreativität schätzen, sollten Sie sich erlauben, in bestimmten Bereichen Ihres Lebens ein wenig schlampig zu sein.

Entrümpeln kann bei den meisten Menschen die Produktivität steigern und die geistige und körperliche Gesundheit verbessern. Eine bessere Aufmerksamkeit ist einer der Vorteile des Entrümpelns. Es ist schwierig, das zu finden, was man sucht, wenn so viele Dinge herumliegen. Es kann auch als Quelle der Ablenkung dienen. Die Beseitigung der visuellen Unordnung kann Ihnen helfen, sich besser auf die Tätigkeit zu konzentrieren, an der Sie gerade arbeiten.

Des Weiteren wird das Selbstwertgefühl verbessert. Aufgrund mangelnder Organisation haben Sie vielleicht das Gefühl, dass Sie Ihr Leben selbst in der Hand haben. Die Verbesserung Ihres Wohnbereichs kann Ihnen helfen, Selbstvertrauen in und Stolz auf sich selbst wiederzuerlangen.

Außerdem verbessert es die zwischenmenschlichen Interaktionen. Wenn eine Person die Unordnung nicht in den Griff bekommt, kann es zu Konflikten mit der Familie oder den Mitbewohnern kommen. Sie werden sich auch wohler fühlen, wenn Sie Gäste in Ihrem Haus willkommen heißen, wenn es sauber ist.

Ein weiterer Vorteil ist die Reduktion von Asthma- und Allergiesymptomen. Auch wenn es unordentlich aussieht, ist Ihr Haus sauber. Es ist jedoch schwierig, eine Menge Unordnung zu beseitigen. Asthma und Allergien können durch Ungeziefer, Schimmel und Mehltau, die sich in unordentlichen Räumen ansammeln, verschlimmert werden. Wenn Sie viel Unordnung haben, laden Sie viel Staub in Ihr Haus ein. Asthma und andere Atemwegserkrankungen können sich dadurch verschlimmern oder ausbreiten. Selbst wenn Sie nicht an Asthma leiden, können sich die schädlichen Folgen der Staubansammlung und der Verunreinigung der Luftqualität für Ihre Atemwege bemerkbar machen. Sie werden einen Unterschied bei Ihrer Atmung und Ihrem körperlichen Wohlbefinden feststellen, sobald Sie Ihre Umgebung gereinigt haben.

Es verbessert das Wohlbefinden und den Lebensstil. In einer sauberen Küche ist es einfacher, gesunde Mahlzeiten zu kochen. Außerdem schlafen die meisten Menschen in einem sauberen Zimmer mit einem sauberen Bett besser, was Ihren Stress- und Angstpegel senkt.

Es ist kein Geheimnis, dass Unordnung uns ängstlich macht. Je mehr "Zeug" wir vor uns haben, desto mehr Erinnerungen haben wir an all das, was wir noch zu erledigen haben.

Der Anblick von riesigen Geschirrstapeln, ungefalteten Kleidungsstücken oder ungelesenen Dokumenten kann Ihre Sorgen und Spannungen verstärken. Schlimmer noch, der Kreislauf aus Unordnung und Angst nährt sich von selbst und fühlt sich unvermeidlich an. Die Entrümpelung Ihres Raums hilft Ihnen, Ihren Geist zu befreien.

Sie werden sich körperlich gesünder fühlen.
Ihre Produktivität wird sich verbessern, da Sie Ihren Arbeitsbereich organisieren und ihn so einfach wie möglich halten. Unordnung erhöht das Risiko, abgelenkt zu werden. Ganz gleich, ob es sich um ein elektronisches Gerät oder um einen Berg von Arbeit handelt, der sich auf Ihrem Schreibtisch stapelt - alles muss an seinen Platz kommen. Wenn Ihr Arbeitsbereich sauber und aufgeräumt ist, fällt es Ihnen viel leichter, effizient zu arbeiten.

Lernen, die Dinge auf ihr Wesentliches zu reduzieren.
Wenn Sie anfangen, Ihr Leben zu entrümpeln, müssen Sie einige organisatorische Fähigkeiten entwickeln. Beginnen Sie

damit, das Wesentliche in Ihrem Haus neu zu bewerten und sich von den Dingen zu trennen, die Sie schon lange hätten loswerden sollen. Wenn Sie Ihre Einstellung grundlegend ändern wollen, sollten Sie am besten damit beginnen, Ihr Haus zu entrümpeln. Es ist an der Zeit, sich von Dingen zu trennen, die keinen Zweck erfüllen, die Ihnen keine Freude bereiten oder die Sie vergessen haben.

Nehmen Sie eine minimalistische Denkweise an, um ein saubereres und geordneteres Leben zu führen. Denken Sie daran, wie sie weniger haben, ausgeben und wollen können. Beginnen Sie damit, alle Gegenstände loszuwerden, die Sie nicht mehr benötigen. Dazu gehören veraltete Zeitschriften, Kleidung, die Sie nicht mehr tragen, und andere Produkte, die Sie nicht mehr benutzen.

Sie werden damit beginnen müssen, Ihr Leben stärker zu verändern und zu entrümpeln. Das mag beängstigend sein. Lassen Sie sich nicht von den schrecklichen Assoziationen abschrecken, die mit diesem Abschneiden verbunden sind. Sie sind nicht gezwungen, mit weniger in Ihrem Leben zu leben, sondern Sie haben sich entschieden, sich von allem unnötigen zu befreien. Sie sollten sich überlegen, was Sie als Ihre Grundausstattung betrachten. Sparen Sie nicht an den wesentlichen Elementen Ihres Hauses, nachdem Sie sich für sie entschieden haben. Wenn Sie mit weniger auskommen, können Sie in höherwertige Produkte investieren, die länger halten. Betrachten Sie die grundlegendsten Güter in Ihrem Haus:

- Die Küche braucht man zum Essen.
- Was man im Bad braucht, um sauber zu bleiben.
- Das Schlafzimmer für die nötige Ruhe.

Wenn Sie herausgefunden haben, was Sie brauchen, können Sie ganz von vorne anfangen. Es kommt mehr Sonne ins Haus, es staubt weniger und Sie haben eine größere Chance, Ihre Produktivität und Ihre Stimmung zu verbessern.

Wie man sich von geistigem Durcheinander befreit

Ein überfüllter Geist ist schlimmer als eine überfüllte Wohnung oder ein überfülltes Büro, denn er ist zerstreut und ruhelos. Er versucht, in viele verschiedene Richtungen gleichzeitig zu denken, und das Ergebnis ist, dass er sehr wenig erreicht.

Sich Sorgen über die Zukunft zu machen, von der Vergangenheit besessen zu sein, eine gedankliche To-Do-Liste zu führen, sich zu beschweren und so weiter sind alles Beispiele für mentale Unordnung. Glücklicherweise gibt es Ideen und Verfahren, die Sie anwenden können, um Ihren geistigen Freiraum zu schaffen.

Hier sind einige Ideen, wie Sie Ihren Kopf frei bekommen:

Entrümpeln Sie Ihr physisches Umfeld.

Geistige Unordnung wird durch physische Unordnung verursacht. Erstens überflutet Unordnung den Geist mit Reizen und zwingt das Gehirn, Überstunden zu machen. Zweitens sendet die physische Unordnung die Botschaft an das Gehirn, dass es immer etwas anderes zu tun gibt, was kognitiv anstrengend ist. Sie werden feststellen, dass die Entrümpelung Ihres physischen Bereichs auch Ihr Denken entrümpelt.

Prioritäten setzen

"Die Schwierigkeit, kein Ziel zu haben, besteht darin, dass man sein ganzes Leben damit verbringt, das Feld auf und ab zu rennen und nie ein Tor zu erzielen", schrieb der berühmte amerikanische Dichter Bill Copeland. Prioritäten zu setzen ist ein hervorragender Ansatz, um die Kontrolle über Ihr Leben zu übernehmen. Der erste Schritt besteht darin, die für Sie wichtigsten Dinge, Ihre Lebensziele und Ihre langfristigen Ziele zu ermitteln. Listen Sie Ihre obersten Prioritäten auf und überprüfen Sie, ob Ihr Verhalten und Ihre Entscheidungen mit diesen übereinstimmen. Im nächsten Schritt erstellen Sie einen Aktionsplan, um Ihre Ziele zu erreichen, und überlegen, wie Sie Ihre Zeit aufteilen, um sich auf jeden Punkt auf Ihrer Liste zu konzentrieren. Denken Sie daran, dass sich Ihre Prioritäten mit zunehmendem Alter verschieben können. Das ist in Ordnung, solange Sie sich regelmäßig vergewissern, dass sie Ihnen immer noch gut tun.

Ein Tagebuch führen

Tagebuchschreiben ist eine hervorragende Technik, um den Geist zu beruhigen. Laut einer Studie, die im Journal of Experimental Psychology veröffentlicht wurde, minimiert ausdrucksstarkes Schreiben im Allgemeinen aufdringliche Gedanken über schlechte Ereignisse und verbessert das Arbeitsgedächtnis. Die Forscher gehen davon aus, dass diese Vorteile unsere kognitiven Ressourcen für andere mentale Prozesse freisetzen, z. B. für eine bessere Stressbewältigung. Eine vom University of Rochester Medical Center durchgeführte Studie ergab, dass das Führen eines täglichen Tagebuchs Menschen mit Angstzuständen und Depressionen hilft, da sie so ihre Gefühle offen aussprechen können. Sie müssen kein produktiver Schreiber sein, um ein Tagebuch zu führen. Das Führen eines Bullet Journals ist eine der einfachsten Strategien, die Anfänger ausprobieren können.

Loslassen lernen

"Atmen Sie tief durch, nehmen Sie an, wer Sie jetzt sind, und gehen Sie weiter. "Wenn sie aufsteigen wollen, müssen sie aufgeben, was sie belastet", schreibt Roy T. Bennett in seinem Buch Das Licht im Herzen. Es ist von entscheidender Bedeutung, all die schlechten Gefühle und Vorstellungen loszulassen, die Sie bedrücken. Reduzieren Sie Stress, steigern Sie Ihr Selbstwertgefühl und machen Sie Platz im Gehirn frei, indem Sie unnötige Gedanken, Ängste und Sorgen loslassen. Beobachten Sie regelmäßig Ihre Gedanken, um diese positiver zu gestalten.

Multitasking sollte vermieden werden.

Wer diesen Vorschlag zuerst hört, empfindet ihn oft als kontraproduktiv. Aber glauben Sie mir, wenn ich sage, dass es nicht sinnvoll ist, Ihre Präsentation im Büro vorzubereiten, während Sie gleichzeitig Ihr Instagram-Profil aktualisieren und im Internet nach einem geheimen Weihnachtsgeschenk für Ihre Mitbewohnerin suchen. Zwar ist gegen gelegentliches Multitasking nichts einzuwenden, doch wenn Sie es regelmäßig betreiben, verringert sich Ihre Aufmerksamkeitsspanne, der Stress steigt und Ihr Gehirn kann unnötige Daten nur schwer herausfiltern, was das Durcheinander noch vergrößert. Forscher der Stanford University haben herausgefunden, dass Multitasking die Produktivität deutlich verringert und die kognitive Kontrolle beeinträchtigen kann. Konzentrieren Sie sich so weit wie möglich auf eine Sache zur gleichen Zeit. Machen Sie eine Liste mit all den Dingen, die Sie an diesem Tag erledigen wollen. Halten Sie Ihre Aufgabenliste kurz und prägnant. Beginnen Sie mit dem wichtigsten Punkt auf der Liste und arbeiten Sie sich eine Aufgabe nach der anderen ab.

Begrenzen Sie die Menge der eingehenden Daten.

Das Gehirn kann durch zu viele Informationen verstopft werden. Dazu gehören die Informationen, die Sie jeden Tag aus Zeitungen, Blogs und Magazinen erhalten, sowie die Informationen, die Sie aus dem Fernsehen, den sozialen Medien und dem Surfen im Internet auf Ihrem Smartphone erhalten.

Begrenzen Sie die Menge an Informationen, die in Ihr Leben eindringen, und schaffen Sie so geistigen Freiraum, indem Sie Folgendes tun:

Setzen Sie sich ein Zeitlimit, wie viel Zeit Sie in sozialen Netzwerken oder beim Surfen im Internet verbringen können.

Abonnieren Sie keine Blogs oder Zeitschriften, die Sie nicht glücklich machen oder Ihre Lebensqualität verbessern.

Vergewissern Sie sich, dass die Perspektiven, die Sie hören, von kompetenten Persönlichkeiten stammen und über einschlägige Qualifikationen verfügen.

Entscheiden Sie, welche Informationen für Sie wichtig sind, und ignorieren Sie den Rest.

Treffen Sie eine Entscheidung.

Was passiert, wenn Ihr Posteingang mit Dokumenten überquillt und Sie sich nicht entscheiden können, was Sie mit den einzelnen Dokumenten tun sollen? Ihr Nachrichtenfach wird bald mit Nachrichten, Rechnungen und Anfragen von potenziellen Kunden überflutet sein. Eine Möglichkeit, Ihren Posteingang zu entrümpeln, besteht darin, sich zu überlegen, was Sie mit jedem einzelnen Blatt Papier machen wollen.

Bei Ihrem Gehirn ist es genauso. Je länger Sie eine Entscheidung aufschieben, desto mehr Optionen stehen Ihnen zur Auswahl. Entschlossenheit ist der Schlüssel.

Befolgen Sie Benjamin Franklins Rat und erstellen Sie eine Pro- und Contra-Liste für grundlegende Entscheidungen. Wenden Sie eine vollständige Technik an, wie z. B. die WRAP-Methode, die die Brüder Heath in ihrem Buch "Decisive: How to Make Better Choices in Life and Work" empfehlen, wenn Sie kritischere und schwierigere Entscheidungen treffen müssen.

Automatisieren Sie alle Ihre Routineentscheidungen.

Kleine, sich wiederholende Aufgaben können eine Menge geistigen Platz beanspruchen. Dabei kann es sich um eine Vielzahl von Dingen handeln, wie z. B.:

Die Entscheidung, was man morgens zum Frühstück isst, was man täglich anzieht, was man zu Mittag isst usw..

Wenn Sie diese typischen Prozesse auf Autopilot schalten, können Sie in Ihrem Gehirn Platz für andere Dinge schaffen. Ein gutes Beispiel dafür ist "The Big Bang Theory", eine beliebte Fernsehkomödie, in der die vier Hauptfiguren sehr intelligente

Physiker sind. Sheldon Cooper zum Beispiel ist ein großer Fan von Routinen und hat für so ziemlich alles eine.

Einige Beispiele dafür sind folgende:
Für jeden Tag der Woche trägt er eine andere Unterhose und ein anderes T-Shirt.

Sheldon isst jeden Tag das Gleiche zum Frühstück und zum Abendessen (zum Beispiel isst er jeden Dienstagabend mit seinen Freunden in der Cheesecake Factory).

Jeden Samstag um 20:15 Uhr wäscht Sheldon die Wäsche, nur eine seiner vielen Routinen.

Auch wenn Sheldon über das Ziel hinausschießt, ist der Punkt gut getroffen. Es ist an der Zeit, sich so viele kleine, gewöhnliche Aufgaben wie möglich aus dem Kopf zu schlagen.

Atmen

Atmen Sie tief ein und aus. Pause. Langsam ausatmen. Wiederholen Sie dies. Wie fühlen Sie sich dabei? Ist das nicht fantastisch? Tiefes Atmen ist eine einfache, aber wirkungsvolle Methode, um Ihre Gedanken zu klären, Ruhe zu finden und Ihre Stimmung schnell zu heben. Sie hilft Ihrem Körper, sich zu entspannen, indem sie die Herzfrequenz und den Blutdruck senkt und das parasympathische Nervensystem stimuliert. Atemübungen lösen die Anspannung, verbessern die Konzentration und stärken Ihr Immunsystem.

Organisieren Sie Ihren Arbeitsbereich.

Wussten Sie, dass Menschen, die in einer unordentlichen Umgebung arbeiten, weniger produktiv und gereizt sind als diejenigen, die an einem gut organisierten Schreibtisch arbeiten? Jetzt wissen Sie es also! Verschieben Sie die Entrümpelung Ihres Schreibtisches also nicht auf morgen, sondern tun Sie es heute. Beginnen Sie damit, alle unwichtigen Gegenstände zu entfernen und alles an seinen Platz zu stellen. Wenn Sie Ihren Arbeitsbereich jeden Tag aufräumen, bevor Sie nach Hause gehen, ist das der beste Weg, Ordnung zu halten, ohne sich überfordert oder müde zu fühlen.

Teilen Sie Ihre Gedanken

Mit einem geliebten Menschen darüber zu sprechen, wie Sie sich fühlen, ist eine großartige Methode, um Ihren Gefühlen Luft zu machen. Ihre Meinung mit anderen zu teilen, kann Ihnen auch helfen, die Dinge in einem neuen Licht zu sehen, so dass Sie klarer denken und bessere Urteile fällen können.

Nehmen Sie sich etwas Zeit zum Entspannen:

Und schließlich, aber sicher nicht zuletzt, gönnen Sie sich eine Pause! Ihr Gehirn muss sich entspannen und auftanken, um richtig zu funktionieren. Legen Sie also Ihre Telefone und Laptops weg und tun Sie etwas, das Ihnen Freude bereitet. Es spielt keine Rolle, ob es sich um ein langes Nickerchen oder einen Spaziergang im Park handelt.

Bringen Sie Ihre Ideen zu Papier.

All diese Gedanken aufzuschreiben, ist eine der besten Strategien, um den Kopf frei zu bekommen. Sie zu Papier zu bringen, hilft Ihnen, sich von der Verpflichtung zu befreien, sich an sie zu erinnern und dabei Ihre Gedanken zu reinigen.

Angenommen, Sie gehören zu den Menschen, die ständig neue Ideen haben (Was fantastisch ist!). In diesem Fall sollten Sie sich überlegen, wie Sie sie speichern können, anstatt sie alle im Kopf zu behalten, was schnell überwältigend werden kann. Um den Kopf frei zu bekommen, können Sie eine App herunterladen oder ein kleines Notizbuch mitnehmen, in dem Sie Ihre neuen Gedanken notieren können. Die Idee ist, einen Speicherort zu wählen und sich daran zu halten, damit Sie wissen, wo Sie sie suchen müssen.

Der Negativität begegnen

Negativität kann lähmend sein und viel geistigen Raum einnehmen. Traurigkeit und Enttäuschung sind natürliche Gefühle, aber giftige Selbstgespräche verstärken das Unglück und verzerren die Sicht auf die Realität.

Beginnen Sie damit, sich bewusst zu machen, wie Sie mit sich selbst reden. Was sagen Sie zu sich selbst? Achten Sie auf Warnzeichen, wie z. B. eine viktimisierende Haltung ("Ich bin arm."). Es ist an der Zeit, umzudenken, wenn die Ideen in Ihrem Kopf oder die Worte auf Ihrem Papier nach Ihrer Schreibübung giftige Selbstgespräche sind.

Sie müssen anfangen, sich selbst zu hinterfragen, wenn Sie Ihre Denkweise verbessern wollen. Stimmt der Gedanke, oder ist er verzerrt worden? Ihr Geist wird beginnen, negative Gedanken durch positive zu ersetzen, wenn Sie sich selbst zeigen, dass Ihre negativen Selbstgespräche falsch sind. Infolgedessen wird sich Ihr Geist nicht mehr schwer, überfüllt und chaotisch (Negativität), sondern leichter und frei (Positivität) anfühlen.

Ein Aspekt der Selbstüberwindung besteht darin, dass man beginnt, mehr angenehme Erfahrungen zu sammeln. Indem Sie etwas tun, um Ihr Leben oder das eines anderen ein wenig zu verbessern, können Sie Wertschätzung und Mitgefühl üben. Tun Sie etwas, um sich selbst oder jemand anderem zu helfen, wenn Sie merken, dass Sie schlecht denken. Wenn Sie das nächste Mal negative Selbstgespräche führen, können Sie erkennen, dass Ihr Gehirn nicht immer Recht hat.

Zeit für sich selbst finden

Unterschätzen Sie nicht, wie wichtig es ist, sich um sich selbst zu kümmern und sich Zeit für sich selbst zu nehmen. Jetzt können Sie tun, was immer Sie wollen, vom Lesen eines Buches bis zum Karate-Training. Ich bin mir sicher, dass Sie viel Zeit damit verbringen, Dinge für andere Menschen zu tun, also nehmen Sie sich jeden Tag etwas Zeit für sich selbst.

Setzen Sie sich konkrete Ziele.

Erstellen Sie eine Liste mit Zielen, die Ihnen helfen, in Ihrem Leben Orientierung und Konzentration zu finden. Es ist in Ordnung, wenn Sie sich ab und zu von den starken Winden des Lebens treiben lassen oder sich von ihnen schützen lassen. Wenn Sie jedoch möchten, dass in Ihrem Leben etwas passiert und Sie ein wunderbares Leben für sich und Ihre Familie aufbauen können, werden Sie wahrscheinlich davon profitieren, wenn Sie sich ein paar Ziele setzen und eine Strategie entwickeln, um diese zu erreichen.

"Ein Ziel ohne Strategie ist nur ein Traum", sagte Antoine de Saint-Exupéry.

Gesunde Gewohnheiten haben

Entwickeln Sie alltägliche Praktiken, die sowohl körperlich als auch seelisch förderlich sind. Überprüfen Sie Ihre Essgewohnheiten, wählen Sie nahrhafte Lebensmittel und Diäten, nehmen Sie sich Zeit, um sich selbst zu verbessern und neue Fähigkeiten zu erlernen, pflegen Sie sich gegenseitig unterstützende Beziehungen, gehen Sie nicht zu spät ins Bett und fragen Sie sich, warum Sie morgens die Schlummertaste drücken! Diese gesunden Verhaltensweisen, die Sie in Ihre tägliche Routine einbauen können, geben Ihnen weitere Anregungen.

Die Vereinbarkeit von Beruf und Familie ist wichtig.

Suchen Sie nach Möglichkeiten, Beruf und Privatleben so weit wie möglich miteinander zu vereinbaren, indem Sie zum Beispiel die Zahl der Arbeitsstunden begrenzen. Zeit für Ihre Familie, Ihre Interessen und Zeit für Sie - das alles ist entscheidend. Achten Sie auf Signale, die darauf hindeuten, dass Ihr Gleichgewicht zwischen Arbeit und Privatleben gestört ist, und ergreifen Sie Maßnahmen, bevor es Sie zu Fall bringt.

Meditation üben

Meditation erfordert Übung und ich muss zugeben, dass ich darin nicht sehr gut bin! Aber Beharrlichkeit zahlt sich aus und ich habe entdeckt, dass die im Internet verfügbaren geführten Meditationen sehr hilfreich sind, um mich in die richtige Stimmung zu bringen. Wenn Sie mehr darüber erfahren möchten, besuchen Sie einen Meditationskurs.

Pressen Sie nicht zu viel in Ihren Zeitplan.

Behalten Sie Ihren Kalender im Auge und wenn es zu hektisch wird und Sie keine Zeit zum Durchatmen haben, scheuen Sie sich nicht, Termine abzusagen oder zu verschieben. Schaffen Sie sich freie Zeit, um Stress abzubauen, lassen Sie sich etwas Spielraum für Notfälle, erledigen Sie Dinge spontan, kommen Sie zu spät zu Terminen und genießen Sie es einfach, hin und wieder zu tun, was Sie wollen.

Verringern Sie die Anzahl der täglichen Entscheidungen, die Sie treffen.

Sie sollten Ihre alltäglichen Entscheidungen einschränken, wenn Sie weniger überfordert sein wollen.

Viele der Beschlüsse, die wir treffen, sind so unbedeutend, dass sie weder unsere Aufmerksamkeit noch unsere geistige Energie rechtfertigen.

Am einfachsten ist es, einen wöchentlichen Essensplan zu erstellen und vor dem Schlafengehen die Kleidung für den nächsten Tag zusammenzustellen.

Wenn Sie diese kleinen Änderungen morgens vor dem Start in den Tag vornehmen, können Sie viel Zeit und geistige Energie sparen.

Außerdem rate ich Ihnen dringend, Ihre Wochen und Tage im Voraus zu planen. Dies wird Ihnen helfen, besser organisiert zu sein und die Zahl der unvorhergesehenen Umstände und Fristen zu verringern.

Weniger wachsen, mehr träumen.

Wir vergessen manchmal, innezuhalten, weil wir so an die Hektik gewöhnt sind.

Zu lernen, sich zu verbessern und auf seine Ziele hinzuarbeiten ist wichtig, aber man braucht auch Pausen, um langfristig seine beste Leistung zu erbringen.

Gönnen Sie sich etwas Zeit, um zu phantasieren, anstatt Ihren Kopf ständig mit neuen Must-Dos und Fakten zu überhäufen.

Sie müssen nicht ständig lernen und wachsen. Manchmal kann man einfach den Moment genießen und die Gedanken schweifen lassen.

Hören Sie auf, aus jeder Minute das Beste machen zu wollen. Gehen Sie spazieren, hören Sie Musik anstelle von Podcasts oder Hörbüchern, lesen Sie mehr Sachbücher und geben Sie Ihrem Geist eine Chance zur Ruhe.

Wie Sie Ihr physisches Durcheinander entrümpeln (loslassen).

Übermäßige Unordnung ist ein häufiges Symptom und eine Quelle von Stress, und sie kann jeden Aspekt Ihres Lebens beeinflussen, von der Zeit, die Sie für die Erledigung von Aufgaben benötigen, bis hin zu Ihrem Geldbeutel und Ihrer allgemeinen Lebensfreude. Unordnung kann dazu führen, dass Sie sich ablenken lassen, Sie belasten und allgemein Unruhe in Ihr Leben bringen.

Wenn Sie nicht wissen, wo oder wie Sie anfangen sollen, könnte Ihnen die Entrümpelung als ein unmögliches Unterfangen erscheinen. Wenn Sie sich ein wenig Zeit nehmen, um die Unordnung in Ihrem Leben zu beseitigen und die Dinge generell aufzuräumen, werden Sie die Vorteile eines schöneren Lebensumfelds, weniger Stress und einer besser organisierten und produktiveren Existenz genießen.

Sich zu organisieren mag zunächst wie ein überwältigendes Unterfangen erscheinen, aber das muss es nicht sein. Kleine Maßnahmen, die gemeinsam ergriffen werden, führen zu großen Ergebnissen, die auf lange Sicht einfacher zu halten sind.

Viel Besitz zu haben, galt früher als Zeichen von Reichtum. Die wohlhabendsten Haushalte hatten die größten Wohnungen und üppig dekorierte Zimmer. Frauen trugen früher obszöne Mengen an Schmuck, was ihren Wohlstand auf den ersten Blick deutlich machte.

Auch ein dicker Bauch war im alten Rom ein Zeichen von Wohlstand, denn er bedeutete, dass man es sich leisten konnte, viel zu essen, was bei der Mehrheit der Bevölkerung nicht der Fall war.

Nichtsdestotrotz haben die letzten Jahrzehnte unser Denken und Leben verändert.

Die meisten Menschen wissen, dass Gesundheit gleichbedeutend mit Wohlstand ist, und bemühen sich, ihre Mägen klein und nicht groß zu halten.

Auch in den westlichen Ländern entscheiden sich immer mehr Menschen für einen minimalistischen Lebensstil, reduzieren Unordnung und gestalten ihre Häuser und ihren Lebensstil auf einfache Weise.

In Anbetracht des Zugangs zum Internet und der gigantischen Menge an Werbung, die uns präsentiert wird, sind wir nun mit einer erheblichen Datenflut konfrontiert.

Deshalb reduzieren so viele Menschen ihren Besitz und vereinfachen ihr Leben.

Laut Jim Kwik verbrauchen wir heute an einem einzigen Tag so viele Daten wie der Durchschnittsmensch im Jahr 1400 in seinem ganzen Leben.

Das ist ein Beispiel dafür, warum wir uns oft überfordert und müde fühlen, obwohl wir nicht viel tun.

Tatsache ist, dass die meisten Gegenstände, die Sie besitzen und aufbewahren, unnötig sind.

Sie brauchen weder ein Telefon voller Screenshots noch einen Schrank voller Kleider und Turnschuhe.

Viele Besitztümer zu haben, erfordert ein höheres Maß an Organisation und Sauberkeit. Das ist sowohl zeitaufwendig als auch anstrengend für den Geist.

Und so beschäftigt wir alle auch sind, wir wollen unseren Geist klar und frisch halten und nicht überwältigt werden.

Beim Entrümpeln geht es darum, die Unruhe in Ihrem Leben zu verringern. Wenn Sie das tun, haben Sie mehr Zeit und Energie, um unvorhergesehene Ereignisse zu bewältigen. Sie werden auch in der Lage sein, Ihre Lieblingsbeschäftigungen wirklich zu erleben.

Während manche Menschen mühelos über Unordnung und Ablenkungen hinwegsehen können, fällt es mir schwer, mein Bestes zu geben, wenn es mir an geistiger und körperlicher Klarheit fehlt.

Regelmäßiges Entrümpeln ermöglicht es mir, in allen Bereichen meines Lebens besser organisiert zu sein und gleichzeitig Ängste und Überforderung abzubauen.

Physische Entrümpelung
Drei Formen von Unordnung umgeben uns häufig: Unordnung im physischen, digitalen und psychischen Bereich.

Obwohl sie alle einen schädlichen Einfluss auf unser Leben haben, empfehle ich, mit der physischen Entrümpelung zu beginnen, weil diese die anderen beiden Bereiche unterstützen kann.

"Wenn man keine Vorstellung davon hat, was notwendig oder schön ist, sollte man überhaupt nichts in seiner Wohnung aufbewahren."

- William Morris.

Einfach gesagt bedeutet physische Entrümpelung, dass man Sachen ausmustert, aufräumt und aufräumt.

Es geht darum, zusätzlichen Platz zu schaffen, damit Ihr Hab und Gut nicht im Weg ist.

Die meisten Menschen könnten mindestens die Hälfte der Gegenstände in ihrer Wohnung einfach loswerden: Kleidung, Geschirr, alter Papierkram und so weiter...

Allerdings sind wir häufig emotional mit unseren Besitztümern verbunden, was die Entrümpelung zu einer zeitraubenden und schwierigen Aufgabe macht.

Trotz meiner Anhänglichkeit an meine greifbaren Dinge, entrümple ich folgendermaßen:

Saisonale und gelegentliche Dinge aussortieren

Vielleicht haben Sie eine Menge wichtiger Dinge, die Sie nicht täglich benutzen.

Dazu können Sportausrüstungen (z. B. für das Skifahren) oder Kleidung für besondere Veranstaltungen gehören.

Sie nehmen zwar viel Platz weg, aber man kann sie nicht wegwerfen, weil man weiß, dass man sie in Zukunft brauchen wird, und man will sie nicht noch einmal kaufen müssen.

Deshalb ist es wichtig, diese Gegenstände zu organisieren und sich bewusst zu machen, dass man sie gelegentlich brauchen wird. Auf diese Weise können Sie sie auch leicht in Ihrem Keller verstecken, sodass sie Ihnen nicht ständig im Weg sind.

Die emotionale Bindung

Manchmal behalten wir Dinge, weil wir eine emotionale Bindung zu ihnen haben. Die meisten dieser Gegenstände brauchen oder benutzen wir nicht, aber es fällt uns schwer, sie wegzulegen, weil sie uns an bestimmte Ereignisse oder Personen erinnern.

Entrümpeln sollte im Allgemeinen nicht schmerzhaft sein. Sie wollen sich nicht dazu zwingen, Erinnerungen wegzuwerfen.

Stattdessen wollen Sie Ihre emotionale Bindung an materielle Besitztümer lockern, damit Sie neuen Erfahrungen mehr Aufmerksamkeit widmen können.

Wenn Sie bestimmte Gegenstände aufgrund einer emotionalen Bindung aufbewahren müssen, achten Sie darauf, dass Sie sie angemessen aufbewahren, damit Sie ihre gute Energie nutzen können, anstatt sie in einer Ecke verstauben zu lassen. Statt die emotionale Bindung an einen materiellen Gegenstand zu kaufen, nutzen viele außerdem

Bilder der Gegenstände als einen Auslöser für Erinnerungen und Emotionen. Diese funktionieren meist ebenso gut wie die echten Gegenstände.

Die Sechsmonatsregel

Das Wegwerfen von Dingen, von denen wir glauben, dass wir sie in der Zukunft brauchen werden, mag für manche eine Herausforderung sein.

Sie könnten zum Beispiel in ein paar Monaten abnehmen und Ihre bequemen Hosen wieder tragen können.

Wenn Sie unschlüssig sind, ob Sie etwas behalten sollen, fragen Sie sich, ob Sie es in den letzten sechs Monaten benutzt haben.

Wenn Sie es jetzt nicht nutzen, werden Sie es wahrscheinlich in den nächsten sechs Monaten nicht nutzen.

Eine weitere Frage, die Ihnen helfen kann, unnötige Produkte auszusortieren, ist: Würde ich dieses Produkt kaufen, wenn ich jetzt einkaufen würde?

Marie Kondo, ein Organisationsguru, empfiehlt, alles loszuwerden, was einem keine Freude macht.

Ihrer Meinung nach sollten wir nur Gegenstände besitzen und behalten, die uns wirklich glücklich machen oder die wir brauchen.

Wenn Sie ein Produkt oder ein Kleidungsstück nicht wieder kaufen würden, können Sie es in der Regel ohne große Schwierigkeiten loswerden.

Überlegen Sie schließlich, ob der Gegenstand, den Sie behalten wollen, die Person symbolisiert, die Sie sein wollen.

Es ist sinnvoll, Kleidung zu besitzen, die Ihnen mehr Selbstvertrauen gibt, wenn Sie selbstbewusster sein wollen. Das Gleiche gilt für alles andere, was Sie besitzen und benutzen - stellen Sie Ihre Besitztümer auf den Prüfstand, indem Sie sich fragen, ob Ihr bestes Selbst sie nutzen würde.

Wenn es Ihnen trotz der Beantwortung dieser Fragen immer noch schwer fällt, sich von bestimmten Gegenständen zu trennen, legen Sie sie in eine Kiste, benennen Sie sie mit dem aktuellen Datum und bewahren Sie sie ein paar Monate lang auf.

Sie können alles, was Sie in die Box gelegt haben, mitnehmen und verwenden, wenn Sie es brauchen.

Alles, was Sie nicht mehr brauchen, können Sie nach maximal sechs Monaten verschenken oder wegwerfen. Diese einfache Richtlinie stellt sicher, dass Sie diese Gegenstände in Zukunft nicht mehr benötigen.

Minimierung der Lagerfläche

Wir neigen dazu, mehr Dinge zu behalten, wenn wir mehr Platz haben.

Ich kaufe gerne neue Aufbewahrungsboxen, um meine Regale und Schränke zu ordnen, aber ich versuche, dies zu vermeiden, um keinen zusätzlichen Platz für Unordnung zu schaffen.

Die meisten Menschen fühlen sich mit leeren Regalen unwohl, obwohl sie uns nur einen größeren geistigen Freiraum verschaffen.

Wenn Ihnen die leere Fläche nicht gefällt, können Sie sie mit kleinen dekorativen Dingen füllen, die Ihr Haus angenehmer machen.

Etiketten und Gummibänder verwenden

Nichts ist ärgerlicher als Hunderte von Regalen nach einem Artikel zu durchsuchen, den man schon lange nicht mehr gebraucht hat, weil man nicht weiß, wo man suchen soll.

Und wenn es etwas gibt, das noch ärgerlicher ist, dann sind es baumelnde Kabel.

Deshalb bewahre ich alle meine verschiedenen Gegenstände in kleinen Behältern auf, beschrifte sie mit Haftnotizen und verwalte lange Schnüre mit Gummibändern.

Nutzung des vertikalen Raums

Häufig ist es möglich, den vertikalen Raum besser zu nutzen, aber wir denken selten daran, da wir an die horizontale Lagerung gewöhnt sind.

Sie können Gegenstände stapeln, um Platz zu sparen und um den Raum geordneter wirken zu lassen. Dies ist besonders effektiv bei Büchern oder Küchenschränken. So können Sie den Platz optimal nutzen und gleichzeitig Ihre Arbeitsplatte sauber halten.

Mise en Place anwenden

Der französische Ausdruck "mise en place" bedeutet so viel wie "alles an seinem Platz".

In der Küche wird es normalerweise verwendet, um anzuzeigen, dass Sie alle Komponenten abgemessen, geschnitten, geschält und vorbereitet haben, bevor Sie beginnen.

Der Begriff "mise en place" kann jedoch auch auf andere Aspekte Ihres Lebens angewandt werden, einschließlich Ihres psychischen Zustands.

Ein Ansatz für die Verwendung von mise en place besteht darin, dass Sie sich vergewissern, dass Ihr Arbeitsbereich korrekt eingerichtet ist, bevor Sie mit der Arbeit beginnen.

Bringen Sie Ordnung und Sauberkeit in den Arbeitsbereich, wenn Sie Ihre Aufgabe (oder das Kochen) beendet haben.

Sie können mise en place nicht nur in der Küche oder bei der Arbeit verwenden, sondern auch in anderen Bereichen Ihres Lebens.

Es ist einfacher, Gegenstände sofort wieder an ihren Platz zu stellen und einen festen Platz für alles zu haben.

Wenn Sie einen Ort für bestimmte Waren festlegen, können Sie sich entspannter und sicherer fühlen, weil Sie nicht hektisch danach suchen müssen.

Gibt es irgendetwas, das Sie sich vor einem Kauf fragen sollten?

Die Entrümpelung ist nur dann von Dauer, wenn zwei Leitlinien konsequent befolgt werden:

Trennen Sie sich von allem, was Sie nicht brauchen.

Geben Sie kein Geld für Dinge aus, die Sie nicht brauchen.

Wenn Sie wöchentlich einkaufen, hilft auch häufiges Entrümpeln nicht weiter.

Wenn ich mich darauf vorbereite, etwas Neues zu erwerben, befolge ich diese drei Schritte:

Überlegen Sie, ob Sie etwas brauchen oder wünschen.

Diese Untersuchung zielt darauf ab, die Anzahl der Käufe einzuschränken, die nicht hilfreich oder erwünscht sind, und nicht darauf, den Kauf von Artikeln zu unterbinden, die man haben möchte.

Häufig kaufen wir Dinge nur, weil sie im Angebot sind oder weil wir glauben, dass wir sie in Zukunft brauchen werden, wobei es viel schlauer ist, Sachen zu kaufen, die man wirklich will oder braucht.

Würden Sie es kaufen, wenn sich der Preis verdoppeln würde?

Wenn Sie mit "Nein" geantwortet haben, brauchen oder wünschen Sie es wahrscheinlich nicht so sehr, wie Sie glaubten.

Wenn Ihnen keine dieser Fragen hilft, sich für oder gegen einen Kauf zu entscheiden, setzen Sie sich ein Zeitlimit und treffen Sie Ihre Entscheidung nach ein paar Tagen.

Machen Sie ein Foto von einem Hemd, das Sie kaufen möchten, lassen Sie es im Laden liegen und kaufen Sie es erst, wenn Sie nicht mehr aufhören können, daran zu denken.

Sie wissen, dass Sie nichts zu kaufen brauchen, wenn Sie es nach 48 Stunden vergessen haben.

Wie Sie Ihren Arbeitsbereich entrümpeln

Wir sind alle von Unordnung umgeben und da viele von uns von zu Hause aus arbeiten, ist dies den ganzen Tag über der Fall, jeden Tag.

Physische, emotionale und digitale Unordnung haben meiner Meinung nach viele von uns in Beschlag genommen. Diejenigen von Ihnen, die morgens immer als erstes ihr Handy überprüfen, werden wahrscheinlich einen überquellenden Posteingang und überfüllte Nachrichten vorfinden. Dann schlendern Sie, sobald Sie aus dem Bett aufgestanden sind, oft an "Unordnung" vorbei, die vom Badezimmer über die Küche bis hin zu Ihrem Büro und Ihrem Laptop alles umfasst. Ich habe noch nicht einmal die Möglichkeit einer überfüllten To-Do-Liste vor Ihnen erwähnt.

Ich bin ich der Meinung, dass die Entrümpelung für die Geschäftsleute von heute von entscheidender Bedeutung ist, insbesondere im Hinblick auf unsere psychische Gesundheit. Obwohl ich kein Arzt bin, habe ich die letzten zehn Jahre damit verbracht, dieses Thema zu vertiefen, um meinen Kunden, Mitarbeitern und mich selbst zu ermutigen, unser Leben auf jede erdenkliche Weise zu entrümpeln. Laut der New York Times kann Unordnung Stress verursachen und der psychischen Gesundheit schaden. Es gibt auch einen Zusammenhang zwischen Unordnung und Aufschieberitis.

Ich weiß, wie viel Gelassenheit und Freude es mir bereitet, in einer aufgeräumten Umgebung zu leben, sowohl physisch als auch psychisch. Ich möchte Sie auch bitten, über Ihren Arbeitsplatz nachzudenken und darüber, wie Sie sich dort fühlen. Fühlen Sie sich in Ihrer Umgebung überwältigt, besorgt oder niedergeschlagen?

Je voller und unproduktiver die Arbeitsumgebung in vielen Büros wird, desto mehr ist man beschäftigt. Jedes Team braucht eine Methode, um Ordnung zu halten, damit die Effizienz erhalten bleibt. Das mag einfach erscheinen, aber wenn wir so viel Zeit an unseren Arbeitsplätzen verbringen, gewöhnen wir uns leicht an die Unordnung und werden sogar immun dagegen. Dies führt häufig zu unvorhergesehenen organisatorischen Problemen. Die Fähigkeit eines Teams, anspruchsvollere Aktivitäten wie den Vertrieb oder QS-Workflows zu bewältigen und einen Arbeitsplatz frei von Unordnung und Verwirrung zu halten, kann manchmal daran gemessen werden, wie gut es etwas so scheinbar Einfaches wie diese Aufgabe bewältigen kann.

Tipps zur Entrümpelung Ihres Büroarbeitsplatzes zur Steigerung Ihrer Produktivität

Behalten Sie nur die Dinge, die Sie brauchen

Anstatt im Einzelfall zu entscheiden, was man behalten und was man wegwerfen will, ist es manchmal besser, sich von allem zu trennen und dann nach und nach die Dinge wieder einzubringen, die man braucht. Betrachten Sie dies als den Desktop Ihres Computers. Je mehr Programme Sie hinzufügen, desto mehr Verknüpfungen erscheinen auf dem Hintergrund des Desktops. Erst wenn Sie alle Verknüpfungen entfernt haben, merken Sie, wie wenig Sie sie benutzt haben.

Das Gleiche gilt für Ihr Büro, ob zu Hause oder an einem anderen Ort. Es ist typisch, dass in einem Arbeitsbereich Gegenstände zu finden sind, die seit Monaten nicht mehr angerührt wurden, aber das bedeutet nicht, dass sie bleiben müssen. Es ist keine gute Idee, wenn sie wertvollen Platz beanspruchen, aber nichts zu Ihrer Produktivität beitragen. Sie können effizienter und objektiver nur das Nötigste aufbewahren, indem Sie alles loswerden und dann bei Bedarf wieder einräumen. Auch wenn diese Strategie übertrieben erscheinen mag, so ist sie doch eine fantastische Möglichkeit, schnell herauszufinden, welche Gegenstände keine Funktion haben oder Ihre Produktivität behindern (obwohl wir es Ihnen nicht verübeln werden, wenn Sie einige Gegenstände aus sentimentalen Gründen aufheben).

Organisieren Sie Ihren Arbeitsbereich praktisch.

Nach der Methode, bei Null anzufangen, um die Unordnung zu verringern, besteht der nächste Schritt darin, die verbleibenden Gegenstände in Ihrem Arbeitsbereich in der Reihenfolge zu ordnen, in der Sie sie am häufigsten benutzen. Ihren Füllfederhalter benutzen Sie vielleicht jeden Tag, aber Ihr Handbuch für die Personalabteilung lesen Sie wahrscheinlich eher alle sechs Monate.

Um Ihre Effizienz zu optimieren, sollten Sie die am häufigsten verwendeten Produkte (z. B. Ladegeräte und Notizbücher) in den obersten Schreibtischschubladen aufbewahren, wo sie leichter zu finden sind. Stifte und Bleistifte sollten in einem nahe gelegenen Becher aufbewahrt werden, während zusätzliches Material (wie Kopfhörer und Heftklammern) besser aufgehoben ist. Ordnen Sie den Rest des Arbeitsplatzes auf dieselbe Weise an, wobei die am wenigsten benötigten Dinge ganz am Ende liegen sollten. Diese einfache Strategie steigert Ihre Produktivität, denn sie sorgt dafür, dass die am häufigsten verwendeten Gegenstände immer in der Nähe sind, während die anderen persönlichen Dinge nicht auf dem Schreibtisch liegen.

Sortieren Sie nach „behalten", „recyceln/müllen" und „gehört woanders hin".

Es gibt einen Grund, warum Führungskräfte aller Art die Dreierregel anwenden: Sie funktioniert. Legen Sie drei Kisten oder Taschen an: "Aufbewahren", "Recyceln" oder "Entsorgen und an einen anderen Ort" stellen, wenn Sie Ihre Vorräte und Besitztümer schnell organisieren wollen. Sie sollten in der Lage sein, alles an seinen Platz zu stellen. Selbst emotionale Menschen, die sich gerne an bestimmte Dinge klammern, können ein neues Zuhause für ihr Hab und Gut finden und gleichzeitig die Unordnung am Arbeitsplatz verringern. Überlegen Sie, welche Gegenstände recycelt (Papier und Plastik) und welche weggeworfen werden können (leere Flaschen, Flugblätter und Prospekte).

Bekommen Sie Ihre Kabel in den Griff.

Die Anzahl der Kabel scheint an jedem Arbeitsplatz exponentiell zuzunehmen, von Telefon- und Laptop-Ladegeräten bis hin zu HDMI-Kabeln und Kopfhörerkabel. Es kann eine endlose Anstrengung sein, diese Kabel unter Kontrolle zu halten, egal ob sie sich auf oder unter Ihrem Schreibtisch befinden. Manche Menschen entscheiden sich dafür, dieses Problem zu ignorieren, aber wenn ein Problem mit einem Ihrer Geräte auftritt, kann Ihre mangelnde Organisation zu erheblichen Verzögerungen beim Auffinden und Beheben des Problems führen.

Die Investition in ein Dymo-Etikettiersystem und die Kennzeichnung jedes Kabels bei der Installation in Ihrem Unternehmen ist eine fantastische Lösung für dieses Problem. Der nächste Schritt ist der Kauf eines Cablox-Systems, der langfristig den Kabelsalat löst. Sie können auch aus Filmdosen, Papierhaltern, Schuhkartons und anderen Haushaltsgegenständen Etiketten und Ordnungsboxen herstellen, wenn Sie kreativ sein und Geld sparen wollen.

Machen Sie ein Foto.

Sind Sie schon einmal zu den Schreibtischen anderer Leute gegangen und haben dort Unordnung entdeckt, die Ihr Kollege gar nicht bemerkt hat? Das Gleiche gilt wahrscheinlich auch für Ihren Arbeitsplatz. Ihre Gäste werden Ihr Büro aus einem anderen Blickwinkel betrachten und sich der Unordnung bewusst sein, die Sie vielleicht gar nicht sehen.

Die Aufnahme eines Schnappschusses Ihres Arbeitsplatzes vom Eingang aus ist eine wunderbare Methode, um diese Zusammenfassung auf die Probe zu stellen. So können Sie Ihre Arbeitsumgebung mit den Augen Ihrer Besucher betrachten und die Ergebnisse werden Sie verblüffen. Wenn Sie Schwierigkeiten haben, Unordnung zu erkennen, versuchen Sie, sie aus verschiedenen Perspektiven zu fotografieren. Fotos bieten einen einzigartigen Blickwinkel und mögliche Probleme können auf dem Bild erscheinen, sodass Sie die Teile identifizieren können, die sofort aufgeräumt werden müssen.

Machen Sie eine digitale Kopie Ihrer Notizen und Unterlagen.

Dokumente, Visitenkarten, Haftnotizen, Besprechungsnotizen und andere papierbasierte Unterlagen machen wahrscheinlich den größten Teil Ihrer Unordnung aus. Anstatt sie für den Fall aufzubewahren, dass Sie sie eines Tages brauchen, sollten Sie

Ihre Unterlagen digitalisieren, indem Sie elektronische Kopien davon erstellen, entweder durch Scannen oder Abtippen.

Mit verschiedenen Apps auf Ihrem Smartphone können Sie Dokumente schnell und einfach scannen und speichern. Machen Sie Bilder von wichtigen Papieren, deren Verlust Sie sich nicht leisten können, und werfen Sie dann die Papierkopien weg oder recyceln Sie sie. Sie können auch Evernote, Google Docs, Google Keep (eine Notiz) und die Notizen-Anwendungen für iOS- und Android-Telefone als Notizen-Tools verwenden. Mit diesen Anwendungen können Sie nicht nur Notizen digitalisieren, sondern sie auch über die Cloud mit mehreren Geräten synchronisieren. Wenn Sie einen Stapel Visitenkarten auf Ihrem Schreibtisch haben, machen Sie Bilder davon oder fügen Sie sie Ihrer Kontaktliste hinzu, bevor Sie sie wegwerfen. Ein Vorteil der Digitalisierung Ihrer Dokumente ist, dass Sie sie schnell und einfach durchsehen können.

In die Zone kommen

Sie können Ihre Arbeit kategorisieren und Prioritäten setzen, wenn Sie Ihre Tätigkeiten auf der Grundlage von Zonen auf Ihrem Schreibtisch organisieren. Dies kann Ihnen auch dabei helfen, sich psychologisch zu bewegen, wenn Sie im Laufe des Tages die Richtung Ihres Arbeitsablaufs ändern. Anhand der folgenden Überlegungen können Sie sich ein Bild davon machen, wie Sie Ihren Arbeitsbereich in Zonen einteilen können:

- Eine Zone für die Forschung
- Eine Zone zum Schreiben
- Eine Zone für Begegnungen
- Eine Zone zum Beantworten der E-Mails

Weggehen zum Mittagessen

Es ist toll, dass Sie Ihr Mittagessen eingepackt und mit zur Arbeit genommen haben, aber Sie sind dadurch mit dem Essen nicht an den Arbeitsplatz gebunden. Entrümpeln Sie Ihren Arbeitsplatz von überflüssigen Tellern, Utensilien, Vorratsbehältern und Lebensmitteln, um ein besserer Mitarbeiter zu werden. Nehmen Sie Ihr Mittagessen stattdessen im Freien ein und genießen Sie es an einem Terrassentisch mit anderen Kollegen. Essen Sie am Pausentisch im Büro. Gehen Sie woanders hin, wenn Sie Ihr Mittagessen nicht an Ihrem Schreibtisch einnehmen wollen.

Was bei einer Pause passiert, wirkt Wunder für den erschöpften Arbeitnehmer. Untersuchungen zufolge kehren Mitarbeiter, die sich während des Tages eine Pause von ihrem Arbeitsplatz gönnen, mit frischem Enthusiasmus und Phantasie für die anstehenden Aufgaben zurück. Wenn man seinen Tag effektiv gestaltet, kann jeder sich mindestens 20 Minuten von seinem Arbeitsplatz entfernen, um zu Mittag zu essen. Sie befreien Ihren Schreibtisch von den Essensresten, die im Büro herumliegen, und erfrischen Ihren Geist für den bevorstehenden hektischen Tag.

Werfen und Löschen

Unnötiges Papier und E-Mails loszuwerden ist eine der effektivsten Strategien, um Ihren Arbeitsplatz aufzuräumen und zu organisieren. Sowohl Papierkopien und unnütze Dinge, die sich auf Ihrem Schreibtisch stapeln, als auch digitale Dateien, die Platz auf Ihrem Computer oder in Ihrem E-Mail-Posteingang beanspruchen, sollten aussortiert werden. Indem

Sie jede Datei oder jedes Dokument auf den Nutzen prüfen, schaffen Sie eine befreiende Umgebung, in der Sie sich nicht nur freier und stärker fühlen, sondern die Ihnen auch hilft, sich besser zu organisieren. Sie müssen weniger durchsuchen (d. h. weniger Zeit mit Recherchen und Suchen verbringen) und haben mehr Zeit für das Projekt, das Sie erledigen müssen, oder den Termin, den Sie einhalten müssen.

Sortieren Sie Ihre digitalen Fotos.

Sie mögen die Idee verachten, aber meiner Meinung nach ist es sinnlos, neue Bilder zu speichern, wenn Ihre alten Fotos überfüllt sind, insbesondere wenn Ihr Unternehmen auf diese Art von Informationen angewiesen ist.

Was nützt es, Bilder zu haben, wenn Sie sie zur richtigen Zeit nicht finden können? Mein bester Rat für den Anfang ist, eine App zu kaufen, die Ihnen beim Löschen von Duplikaten und unklaren Fotos helfen kann.

Behalten Sie die Kontrolle über Ihren Posteingang.

Melden Sie sich täglich von E-Mails ab, die Sie nicht mehr bekommen wollen. Legen Sie Ordner an und machen Sie sich mit Ihrem E-Mail-Posteingang und den Registerkarten für die Organisation vertraut. Am wichtigsten ist, dass Sie Ihre E-Mails zweimal am Tag abrufen und Ihre Kunden und Ihr Team über die Zeiten informieren, zu denen Sie die Nachrichten lesen, damit eine Erwartungshaltung aufgebaut werden kann.

Wenn Sie diese vier einfachen Schritte abgeschlossen haben, sollten Sie Ihren Arbeitsplatz einer gründlichen professionellen

Reinigung unterziehen. Zum Reinigen von Schmutz und Verschüttetem:

1. Verwenden Sie desinfizierende Tücher.
2. Reinigen Sie Ihre Tastatur mit einer Druckluftpistole und Ihren Bildschirm mit einem professionellen Bildschirmreiniger und einem Tuch.
3. Saugen Sie Ihren Computerstuhl, stauben Sie ihn ab und leeren Sie den Mülleimer.

Die Endreinigung ist die letzte Phase des Verfahrens, die Ihnen helfen wird, sich erfrischt und bereit für Ihren Arbeitstag zu fühlen!

Vorteile der Entrümpelung Ihres Arbeitsbereichs

Ein ordentliches Büro ist nicht nur eine angenehme Umgebung, sondern kann auch psychologische Vorteile haben. Anders ausgedrückt: Wenn Sie wissen, wie Sie Ihr Büro oder Ihren Arbeitsplatz organisieren, kann das zu positiven Ergebnissen führen.

1. Verbesserte Eindrücke

Wenn Ihr Vorgesetzter regelmäßig Unordnung an Ihrem Arbeitsplatz bemerkt, hat er möglicherweise einen negativen Eindruck von Ihnen. Ihre Chefs oder Vorgesetzten könnten glauben, dass Sie kein Interesse an Ihrer Arbeit haben. Wenn Sie im Vertrieb tätig sind, macht sich Ihr Vorgesetzter vielleicht Sorgen über den Eindruck, den Ihr Schreibtisch bei Kunden, Klienten oder Unternehmen hinterlässt, mit denen er Kontakte knüpfen möchte. Wenn die Verantwortlichen in einem Unternehmen mit Ihrer Anwesenheit zufrieden sind, werden Sie sich mehr anstrengen.

2. Verbesserte Bequemlichkeit

Wahrscheinlich haben Sie schon einmal versucht, eine wichtige Datei auf Ihrem Schreibtisch abzulegen, konnten aber keinen Platz dafür in Ihrem geschäftigen Arbeitsbereich finden. Vielleicht fühlen Sie sich an Ihrem Arbeitsplatz eingeengt. Ein aufgeräumter Schreibtisch kann Ihnen helfen, sich bei der Arbeit wohler zu fühlen. Eine höhere Produktivität kann durch mehr Freiraum und einen angenehmeren Arbeitsplatz erreicht werden. Überlegen Sie, wie schwierig die Ausführung einer Aufgabe mit einer Krankheit ist und wenden Sie dies auf diesen Umstand an.

3. Gestärktes Vertrauen

Ein überfüllter Schreibtisch deutet darauf hin, dass Sie irgendwann einmal etwas verlegt haben. Vielleicht kommt Ihr Chef vorbei und fragt nach einem wichtigen Dokument. Selbst wenn Sie die Datei wiederherstellen könnten, haben Sie wahrscheinlich keinen guten Eindruck auf Ihren Chef gemacht, als Sie auf der Suche nach der Datei herumgerannt sind. Vielleicht fühlen Sie sich bei Ihrer Arbeit sicherer, wenn Sie wichtige Ressourcen schnell erstellen können und nicht auf Ihrem Schreibtisch herumlaufen müssen, um sie zu finden. Wenn Sie wissen, dass Sie einen besseren Eindruck auf Ihre Vorgesetzten machen, fühlen Sie sich vielleicht noch sicherer.

4. Verbesserte Immunität

Wenn Sie Ihren Schreibtisch schon lange nicht mehr professionell gereinigt haben, könnten sich auf der Oberfläche Keime befinden, die von einem kranken Kollegen stammen, der vorbeigekommen ist. Wenn Sie immer wieder feststellen, dass es Ihnen nicht gut geht, möchten Sie vielleicht anderen

Personen die Schuld geben. Ihr Arbeitsplatz kann jedoch Ihr Immunsystem schwächen. Arbeitnehmer in Großstädten wie Detroit oder Baltimore haben möglicherweise bereits ein schwächeres Immunsystem als die in den Vorstädten. Es hat keinen Sinn, die Flammen weiter anzufachen. Wenn Sie Ihren Schreibtisch aufräumen und mit Desinfektionsmittel abwischen, können Sie das Risiko einer Infektion verringern.

5. Produktivität

Vielleicht haben Sie das Gefühl, dass Sie nichts zu Ihrer Umgebung beitragen oder dass Sie bei der Arbeit keine Meilensteine mehr erreichen, wenn die Dinge langsam vorangehen. Auch wenn das oberste Ziel darin besteht, in Ihrem Job glücklich zu sein, können Sie auch kleine Erfolge feiern. Wenn Sie sich die Zeit nehmen, Ihren Schreibtisch aufzuräumen, fühlen Sie sich vielleicht gut, wenn Sie etwas von Ihrer Aufgabenliste streichen können. Anstatt auf eine weitere unerledigte Aufgabe zu blicken, könnten Sie stolz auf sich sein, weil Sie einen kleinen Sieg errungen haben.

6. Umgang mit Prokrastination

Sie könnten ein Zauderer sein, was erklärt, warum Sie die Organisation Ihres überfüllten Schreibtisches aufschieben. Wenn Sie bemerken, dass eine Arbeit zu schwierig erscheint, neigen Sie dazu, sie aufzuschieben. Wenn Ihr Büro Sie nicht dazu verpflichtet, Ihren Schreibtisch aufzuräumen, kommen Sie vielleicht nie dazu. Dennoch ist es wichtig zu wissen, wie man das Aufschieben verhindern kann. Aufschieben hat gewisse Vorteile, insbesondere für Menschen, die am besten unter Druck arbeiten, aber es kann auch dazu führen, dass Sie nichts zustande bringen.

　　　　　　　　　　

7. Aufbau von Zeitmanagementfähigkeiten

Die Entrümpelung Ihres Hauses mag Ihnen als ein großes Unterfangen erscheinen, das einen großen Teil Ihres Arbeitstages in Anspruch nehmen wird. Je nachdem, wie schlimm es ist, kann die Beseitigung der Unordnung einige Zeit in Anspruch nehmen. Das heißt aber nicht, dass Sie die Aufgabe in einer Sitzung oder gar an einem Tag erledigen müssen. Machen Sie einen Plan, anstatt zu versuchen, dies zu erreichen. Sie könnten sich jeden Tag eine bestimmte Zeit nehmen, um sich auf das Entrümpeln zu konzentrieren. Diese Technik wird Ihnen helfen, ein besseres Zeitmanagement zu entwickeln, das Sie anschließend für Ihre gesamte Arbeit nutzen können.

WIE SIE SICH VON UNORDNUNG IN IHREM ZUHAUSE BEFREIEN

Außerhalb der Arbeit verbringen wir die meiste Zeit zu Hause. Es ist jedoch keine Überraschung, dass ein unordentliches Zuhause zum Alltagsstress beitragen kann.

Jeder hat etwas Unordnung im Haus, viele allerdings zu viel. Dann fühlen die Bewohner sich unruhig und haben das Gefühl, dass ihr Leben außer Kontrolle geraten ist, da sie die Menge an Dingen nicht bewältigen können.

Das Aufräumen der Wohnung ist eine gute Möglichkeit, sich um sich selbst zu kümmern. Laut einer Umfrage von Budget Dumpster haben 75 % der Amerikaner im vergangenen Jahr eine Entrümpelungsaktion durchgeführt.

Als Unordnung wird alles bezeichnet, was Sie aufbewahren und das keinen Mehrwert für Ihr Leben darstellt. Das Ziel des Entrümpelns ist es, in Ihrem Haus Platz für die Dinge zu schaffen, die wichtig sind.

Wann wird Unordnung zu einem Problem?

Viele Menschen empfinden Unordnung als Energieraubbau und als Zeitverschwendung bei der Suche nach Dingen, die sie nicht finden können. 48,5 % der Teilnehmer an unserer Umfrage gaben an, dass sie sich wegen der Unordnung in ihrer Wohnung unwohl fühlen. Laut einer Umfrage gaben 42,5 Prozent der Befragten an, dass sie sich durch Unordnung unwohl fühlen. Desillusionierung oder Fettleibigkeit können die Folge sein, wenn der Konsum einer Person über "Dinge" hinausgeht. Weitere Gesundheitsrisiken können entstehen, wenn in extremeren Fällen von Horten Schimmel und Staub vorhanden sind. Es ist möglich, dass ein unordentliches Haus auch eine Brandgefahr darstellen kann.

GRÜNDE FÜR DIE ENTRÜMPELUNG IHRES HAUSES

Hier sind zehn Gründe, Ihr Haus aufzuräumen und Unordnung durch Platz zu ersetzen. Schauen Sie sich an, ob Ihnen einer davon zusagt.

1. Weniger Stress

Unsere äußere Umgebung (Wohnung, Unternehmen und Nachbarschaft) wirkt sich auf unsere innere Umgebung (unseren Körper und unser Gehirn) aus. Wissenschaftliche Untersuchungen haben gezeigt, dass Unordnung unsere Konzentrationsfähigkeit beeinträchtigt und unseren Stresspegel erhöht.

2. Mehr Platz

Unnötiges Gerümpel loszuwerden, mag selbstverständlich erscheinen, aber es schafft Platz. Sie behalten nur das, was Sie brauchen, lieben und schätzen und was Ihrem Leben einen Wert verleiht.

3. Mehr Frieden

Als Ergebnis der sichtbaren und geistigen Unordnung, die mit zu viel Unordnung einhergeht, wird Ihr Zuhause ruhiger und friedlicher sein. Das wird sich wiederum auch auf Ihren mentalen Zustand auswirken und Sie werden merken, dass Sie mehr Zeit und Energie haben werden, um sich wichtigeren Themen zu widmen.

4. Leichteres Auffinden von Dingen

Weniger Unordnung macht es einfacher, verlorene Gegenstände zu finden (und damit weniger wahrscheinlich, dass Sie etwas verlieren). Selbst wenn Sie nicht der am besten organisierte Mensch sind, werden Sie das Gesuchte schneller finden, weil Sie weniger Unordnung haben, durch die Sie gehen müssen. Wahrscheinlich müssen Sie Ihre Besitztümer neu ordnen, um zu bestimmen, was Sie behalten und was Sie loswerden wollen. Richten Sie Ordner, Ablagen oder andere Aufbewahrungsorte ein, damit Sie jederzeit wissen, wo sich die Dinge befinden.

5. Steigert die Produktivität und Effizienz

Sie werden produktiver und effizienter sein, da Sie keine Zeit mit der Suche nach Dingen verschwenden müssen! Stattdessen können Sie die Zeit für Aufgaben verwenden, die Ihnen wichtig sind und die Sie weiterbringen.

6. Leichter zu pflegen

Es ist SO viel einfacher, ein entrümpeltes Haus zu pflegen und zu erhalten. Es ist einfacher, aufzuräumen, Dinge wegzuräumen, zu putzen und den Überblick zu behalten, wenn weniger Gerümpel im Weg ist. So haben Sie mehr Zeit (und Energie) für andere Dinge.Wenn Sie einige einfache Routinen für Ihre Hausarbeit und regelmäßigen Pflichten einführen, können Sie die Pflege Ihres Hauses noch schneller und einfacher gestalten.

7. Bereit für Besucher

Es ist einfacher, Ihre Wohnung (fast) immer schön, ordentlich und besuchergerecht zu halten, wenn sie pflegeleicht ist und weniger Unordnung aufweist. Ja, wahrscheinlich müssen Sie sich beeilen, um ein paar Dinge aufzusammeln, aber nichts, was länger als ein paar Minuten dauern würde oder was Ihre Besucher bemerken würden!

8. Sie werden weniger ausgeben

Wenn Sie sich daran gewöhnen, mit weniger Unordnung zu leben und lernen, zielgerichteter und bewusster mit dem umzugehen, was Sie in Ihr Haus lassen, werden Sie wahrscheinlich weniger Geld für Dinge ausgeben, die Sie nicht wirklich brauchen oder wünschen. Statt einkaufen zu gehen, werden Sie nach anderen Methoden suchen, um sich selbst glücklich zu machen. Das wird auch Ihrem Geldkonto zugute kommen!

9. Ermutigt zu Dankbarkeit

Wertschätzung für das, was man hat, und Konzentration auf das, was einem selbst und der Familie wichtig ist, sind von entscheidender Bedeutung, werden aber in der heutigen Konsumkultur leicht vergessen. Wenn wir daran gewöhnt sind, viele Dinge zu besitzen, können wir leicht übersehen, was wir bereits haben. Das gilt auch für Erwachsene und Kinder, die so viele Spielsachen haben, dass sie gar nicht wissen, wo sie anfangen sollen!

10. Weniger Schulden.

Wenn Sie weniger Zeit mit dem Einkaufen von materiellen Dingen verbringen und weniger Unordnung schaffen, bleiben Ihr Portemonnaie und Ihr Bankkonto voller, Ihre Kreditkartensalden niedriger und Ihr Haus frei von teuren Dingen, die Sie nicht brauchen.

11. Mehr finanzielle Freiheit.
Die Mehrheit der amerikanischen Familien lebt von Gehaltsscheck zu Gehaltsscheck (59 Prozent laut einer aktuellen Umfrage von Charles Schwab im Mai 2019). Fast die Hälfte der Befragten hat Kreditkartenschulden. Wenn Sie Entrümpelung mit Minimalismus kombinieren, können Sie Geld sparen, um sich für Notfälle abzusichern.

12. Mehr Zeit und Energie für andere Dinge
Das Ziel ist nicht, ein Haus ohne Unordnung zu haben. Obwohl es schön ist, ein aufgeräumtes, ordentliches, familienfreundliches und willkommenes Haus zu haben (d. h. ein entrümpeltes Haus), liegt der wahre Zauber darin, was Ihnen dieses entrümpelte Haus bieten wird. Sie werden mehr Zeit, Platz, Energie, Freiheit und Geld haben. Überlegen Sie, was das alles für Sie und Ihre Familie bedeuten könnte. Es geht darum, Ihre Prioritäten zu erkennen und ein Gleichgewicht zwischen der Sorge um sich selbst und dem Streben nach einem besseren Leben zu finden.

Wie Sie sich von Unordnung in Ihrem Zuhause befreien
Nehmen Sie sich eine bestimmte Zeit für die Entrümpelung, und halten Sie sich an diese Zeit.

Das Aufräumen und Organisieren eines Raumes braucht Zeit. Für eine große Entrümpelungsaufgabe braucht man mehr als fünf Minuten. Ich ziehe es vor, für jede Entrümpelungsaufgabe mindestens eine Stunde einzuplanen.

Wenn Sie bereit sind, viel Zeit für die Organisation Ihrer Wohnung aufzuwenden, sollten Sie sich einen Termin in Ihrem Kalender notieren. Um die Arbeit auf mehrere Wochenenden oder freie Tage zu verteilen, müssen Sie sie vielleicht in kleinere Teile aufteilen.

Bewahren Sie nicht mehr als eine Jahresration an Habseligkeiten auf.

Sich daran zu erinnern, dass "ich das Zeug vielleicht später noch brauche", ist eine schlechte Angewohnheit. Sie sollten nicht wie eine Packratte denken, wenn Sie Ihr Haus frei von Unordnung halten wollen. Wenn möglich, werfen Sie alles weg oder spenden Sie es, was Sie im letzten Jahr nicht benutzt haben.

Stellen Sie sicher, dass es keine Duplikate gibt.

Es ist an der Zeit, sich von allem zu trennen, von dem man mehrere Exemplare besitzt (Es sei denn, es handelt sich um einen Lagerartikel wie eine Glühbirne oder eine Batterie.). Es ist leicht, den Überblick über unseren Besitz zu verlieren, was dazu führt, dass wir unsere Vorräte wieder auffüllen müssen. Gelegentlich nehmen wir Verbesserungen vor und behalten dabei ein weniger ideales oder minderwertiges Produkt.

Das ist besonders wichtig für Ihre Entrümpelungsbemühungen, wenn es darum geht, Ihre Schränke und Schubladen aufzuräumen und zu ordnen. Es ist nicht notwendig, insgesamt fünf weiße Pullover zu besitzen, das versichere ich Ihnen. Sortieren Sie Ihre Mehrfachteile, wie Hosen, Hemden und andere Kleidungsstücke und Accessoires. Sammeln Sie alle Kleidungsstücke, die passen und in gutem Zustand sind.

Die besten sollten Sie behalten, den Rest verschenken oder wegwerfen.

Richten Sie einen Bereich für Gegenstände ein, die Sie aufbewahren möchten.

Nichts kann ohne ein Zuhause existieren. ALLES, auch wenn es weggeräumt werden soll, braucht einen Platz. Wenn Sie Ihre Schubladen mit cleveren Containerlösungen organisieren, können Sie den verfügbaren Stauraum optimal nutzen. Ordnen und lagern Sie das, was Sie behalten wollen, auf kreative Weise. Meine bevorzugte Methode, um die Dinge in meinen Schränken zu ordnen, sind ästhetisch ansprechende Schachteln, Tabletts und sogar alte Kleenex-Schachteln (und um schwierige Bereiche, wie unter dem Waschbecken, zu organisieren). Werden Sie kreativ, wenn Sie es behalten wollen.

Was sollten Sie beim Entrümpeln tun, wenn Sie auf Gegenstände stoßen, die nicht in die vorgesehene Schublade oder den vorgesehenen Behälter passen? Der nächste Schritt ist, zu Schritt 2 zurückzukehren.

Nutzen Sie den Stauraum, den Ihre Möbel bieten.
Der vierte Schritt besteht darin, diese Räume optimal zu nutzen. Schreibtische, Stauraum unter dem Bett und einfache Bücherregale sind alles Möglichkeiten. Mit den richtigen Aufbewahrungsbehältern werden Sie erstaunt sein, wie viel zusätzlicher Platz an diesen Orten zur Verfügung steht.

Das Verstecken von Gegenständen in den vorhandenen Möbeln ist eine gute Möglichkeit, sie zu verstecken. Einige Aufbewahrungsbehälter sind speziell für seltsame, wenig genutzte Orte wie die Rückseite Ihres Bettes, zwischen

Kühlschrankregalen oder im vertikalen Raum Ihrer Garage konzipiert.

Jeder Artikel sollte mit einem Etikett versehen sein.
Was macht die Ordnungskonzepte von Pinterest so attraktiv? Es liegt an der unkomplizierten Beschriftung. Wenn Sie das fertige Produkt sehen, das ordentlich in Ihren Aufbewahrungsorten platziert ist, werden Sie erkennen, dass sich die Zeit, die Sie mit der Beschriftung verbracht haben, gelohnt hat.

Die Erfindung eines Etikettierers ist ein wunderbarer Triumph! Ein zusätzliches visuelles Element wird durch die Beschriftung eines Stapels von Kisten geschaffen, bei denen auch bei undurchsichtigen Boxen oder hinter einem Schrank immer noch klar zugeordnet werden kann, was sich darin befindet. So müssen Sie später nicht mehr durch Ihren ordentlich organisierten Raum wühlen, um etwas zu finden, das Sie vergessen haben, nur um so den Raum wieder unordentlich zu machen. Es ist einfach, seinen Standort zu bestimmen.

Reduzieren Sie die Papierflut, indem Sie Ihre Erinnerungsstücke digitalisieren.

Haben Sie eine Menge Fotos? Ich schon! Es ist jedoch möglich, sie alle auf unseren Laptops (oder in einem Cloud-Speicher) zu speichern, was ein großer Vorteil ist. Es mag schwierig sein, sich von sentimentalen Gegenständen zu trennen, wenn Sie neu in der digitalen Speicherung sind, aber wenn Sie erst einmal sehen, wie sehr die Papierflut minimiert wird, werden Sie überzeugt sein, den Wechsel zu vollziehen.

Ich speichere meine Bilder sowohl auf meinem PC als auch in der Cloud, damit sie sicher sind. Wenn eine Speichermethode ausfällt, weiß ich, dass sie in der anderen sicher sind. Auf meinem PC ordne ich sie nach Jahr und erstelle dann für jede Aktivität und jedes Datum einen Unterordner. Zum Sortieren ziehe ich die Fotos einfach per Drag & Drop in die entsprechenden Ordner. Nachdem die Fotos sicher geordnet sind, kopiere ich die identischen Ordner in die Cloud. Geschafft!

Teilen Sie die übrigen Gegenstände auf drei Stapel auf. Nachdem Sie Ihre Sachen sortiert, beschriftet und jedem Gegenstand, den Sie behalten möchten, einen Platz zugewiesen haben, bleibt wahrscheinlich ein großer Haufen Müll übrig. Werfen Sie die Gegenstände, die Sie nicht behalten wollen, in den Müll, verkaufen oder spenden Sie sie.

Stellen Sie zunächst fest, ob die einzelnen Gegenstände vermarktbar sind oder nicht. Ziehen Sie in Erwägung, Gegenstände auf Craigslist oder eBay zu verkaufen, wenn Sie sie nicht mehr brauchen. Denken Sie auch daran, sich in Secondhand- und Versandhäuser in Ihrer Nähe umzusehen. Es ist eine gute Idee, einen Teil Ihrer Sachen zu verkaufen, und vielleicht verdienen Sie dabei sogar noch etwas Geld!

Wenn Sie nichts verkaufen können, das in gutem Zustand ist, verschenken Sie es für den Rest Ihres Besitzes. Neben Kleidung, Geschirr und Spielzeug nehmen auch Goodwill und die Heilsarmee häufig Spenden an. Denken Sie daran: Wenn Sie den Gegenstand nicht innerhalb einer Woche verkaufen oder spenden, ist es Zeit, ihn wegzuwerfen. Müllsäcke sollten nicht aufbewahrt werden. Werfen Sie sie weg und ziehen Sie weiter.

Achten Sie darauf, dass alle Gegenstände nach der Benutzung wieder an ihren ursprünglichen Platz zurückgebracht werden.

Die Entrümpelung Ihres Hauses ist ein guter Anfang. Es kann eine echte Herausforderung sein, Ihr Haus sauber und frei von Unordnung zu halten. Ändern Sie Ihre Denkweise und strukturieren Sie Ihren Tagesablauf, um effizienter zu werden. Nachdem Sie einen Gegenstand benutzt haben, bringen Sie ihn zurück in den Laden.

Bringen Sie die Sachen immer dahin zurück, wo sie hingehören. Alle von uns haben dies schonmal vermieden, weil man sich dieser kleinen nervigen Aufgaben leid war. Auch ich bin teilweise sehr gut darin, Gegenstände wie Schuhe am Eingangsbereich zu lassen, anstatt sie wieder zu verräumen. Wenn ich reinkomme, ziehe ich sie aus und komme nie zurück, um sie wegzustellen. Ich verspreche, dass ich etwas dagegen tue!

Machen Sie eine weitere Entrümpelungssitzung zu einer Priorität. Leider handelt es sich dabei nicht um eine einmalige Gelegenheit. Die Unordnung muss mindestens alle drei bis sechs Monate beseitigt werden, wenn Sie vermeiden wollen, dass sie wieder außer Kontrolle gerät. Es handelt sich um ein regelmäßiges Verfahren, für das Sie Zeit einplanen und das Sie zu einer Priorität in Ihrem Kalender machen müssen.

Aber ich bin zuversichtlich, dass Sie es schaffen werden! Sie könnten sogar die Unterstützung Ihrer Freundinnen gewinnen und einen Weinabend daraus machen. Freundschaft ist einer der stärksten Motivatoren, um sich von Dingen zu trennen, die man nicht braucht.

So entrümpeln Sie Ihr Zuhause, Raum für Raum
Selbst wenn Sie versuchen, Ihren Besitz zu verkleinern oder Ihr Leben zu vereinfachen, ist die Entrümpelung Ihres

gesamten Hauses ein großes Unterfangen. Die beste Methode, um das Entrümpeln zu vereinfachen, ist, es in Phasen zu tun. Konzentrieren Sie sich auf einen Raum, einen Bereich oder sogar eine Zone innerhalb eines Raums (z. B. Ihre Küchenschränke) und beenden Sie die Arbeit, bevor Sie zum nächsten übergehen. Wenn Sie auf jeder Stufe greifbare Erfolge erzielen, werden Sie an Selbstvertrauen gewinnen.

Für die Entrümpelung Ihres Zuhauses sind keine teuren Geräte erforderlich; Sie benötigen jedoch fünf Körbe oder Behälter für diese fünf Zwecke:

Einlagern: Alle Gegenstände, die sich in einem unbestimmten Stauraum befinden, werden in diesen Behälter gelegt. Eine Kaffeetasse im Badezimmer oder ein Pullover in der Küche könnten als Beispiele für Unordnung dienen. Mit anderen Worten: Hier wird alles wieder an seinen Platz gestellt.

Recyceln: Papier, Plastik und Glas sind recyclebar und können demnach wiederverwertet oder weggegeben werden.

Behalten: Bewahren Sie in diesem Behälter alles auf, das Ihnen wichtig ist und von denen Sie sich niemals trennen könnten. Wenn Sie ein Lieblingspaar Schuhe haben, das nicht schmutzig werden soll, gehört dieses Paar zum Beispiel in diese Kiste.

Mülleimer: Stellen Sie einen Korb für Waren bereit, die in den Hausmüll gehören.

Spenden Sie: Legen Sie einen Behälter für Waren beiseite, die Sie einer gemeinnützigen Organisation oder einem Freund schenken können. Es sollten Produkte sein, von denen Sie sich vorstellen können, dass jemand anderes sie haben möchte oder braucht.

Sie können für diese Tätigkeit Behälter, Körbe oder sogar Kartons verwenden. Bringen Sie diese Behälter beim Entrümpeln in jedes Zimmer oder stellen Sie sie an einem zentralen Ort in Ihrer Wohnung auf, während Sie arbeiten. Das Entscheidende ist, dass Sie beim Entrümpeln nicht nach Behältern suchen, sondern die Behälter im Voraus vorbereiten.

Hier sind einige der besten Möglichkeiten, jeden Bereich in Ihrem Haus mit diesen fünf Behältern zu entrümpeln.

Das Badezimmer

Beginnen Sie damit, Ihren Medizinschrank zu durchforsten. Nehmen Sie alles heraus und werfen Sie abgelaufene Rezepte, Kosmetika oder Hautpflegeprodukte weg. Legen Sie alles, was Sie behalten, sofort zurück in den Schrank, wobei die Produkte, die Sie am häufigsten verwenden, in Augenhöhe aufbewahrt werden sollten.

Durchsuchen Sie danach alle Schrankschubladen. Nehmen Sie alles heraus und schätzen Sie schnell ein, was Sie behalten und was Sie wegwerfen werden. Legen Sie die Waren, die Sie behalten wollen, wieder in die Schubladen zurück, wobei die Dinge, die Sie am häufigsten benutzen, ganz oben stehen sollten.

Beginnen Sie mit einer Dusche oder einem Bad und gehen Sie dann genauso vor. Befreien Sie schließlich den Raum unter Ihrem Waschbecken von angesammeltem Schmutz.

Schließlich kann alles, was keinen Platz hat, schnell auf die fünf Körbe oder Behälter verteilt werden, die Sie beiseite gestellt haben.

Das Schlafzimmer

Machen Sie zuerst Ihr Bett. Es ist schwierig, beim Entrümpeln eines Schlafzimmers voranzukommen, wenn man auf ein ungemachtes Bett starrt.

Beginnen Sie mit Ihren Nachttischen, entfernen Sie alles, was nicht hineingehört, und legen Sie es in den Wegwerf-Eimer. Dazu gehören zum Beispiel Bücher, die Sie bereits gelesen haben, zerbrochene Brillen, Bleistifte und Papier sowie Post. Werfen Sie alles weg, was Sie nicht mehr brauchen, z. B. leere Taschentuchschachteln, vertrocknete Bleistifte oder leere Ladegeräte.

Richten Sie dabei die Oberseiten Ihrer Kommoden, Kommoden und Büromöbel auf die gleiche Weise ein, um ein ordentlicheres Erscheinungsbild zu schaffen. Achten Sie dabei besonders auf herumliegende Kleidungsstücke. Alles, was gefaltet oder aufgehängt werden muss, kommt in den Wegwerf-Eimer, sollte man die Dinge nicht richtig verstauen können.

Gehen Sie den Schubladen nach jede Kommode durch. Alles, was sich in dem Zimmer befindet, sollte herausgenommen werden. Ihre Spendentasche oder -box sollte voll mit Dingen sein, die Sie nicht mehr brauchen. Pflegbare Kleidung sollte gefaltet und aufbewahrt werden.

Am besten fangen Sie damit auf dem Frisiertisch oder Schreibtisch in Ihrem Schlafzimmer an. Der "Put-Away"-Behälter ist eine bessere Option als das Zurückschieben von Gegenständen in Schubladen. Werfen Sie alles weg oder recyceln Sie alles, was Sie in den letzten sechs Monaten nicht benutzt haben.

Alle Kleidungsstücke müssen wieder in ihre ursprüngliche Position gebracht werden. Ob gefaltet oder aufgehängt, jedes Kleidungsstück kann aufbewahrt werden.

Kleiderschrank und Kleidung

Okay, atmen Sie tief durch. Es ist an der Zeit, Ihren Kleiderschrank aufzuräumen. Die einfachste Methode, einen Kleiderschrank auszumisten, besteht darin, Ihre Kleidung nach Kategorien zu sortieren. Beginnen Sie mit Schuhen, dann mit Stiefeln, Kleidern, Jeans und so weiter.

Wenn Sie Ihre gesamte Jeans-Kollektion betrachten, ist es viel einfacher zu entscheiden, ob Sie ein Paar Jeans behalten oder wegwerfen wollen. Dann kann man zum Beispiel auch mit bedenken, wie viele Jeans man eigentlich braucht. Fangen Sie also an, verschiedene Kleidungsstücke herauszusuchen und zu entscheiden, was Sie behalten und was Sie wegwerfen werden.

Wenn Sie jede Kleidungskategorie durchlaufen haben, haben Sie vier Haufen zu bewältigen:

Alles, was gerade am falschen Platz war, sollte weggeräumt werden. Legen Sie ein Paar Socken in Ihre Kommode, wenn Sie welche im Schrank haben.

Legen Sie die schmutzige Kleidung in den Wäschekorb oder bringen Sie sie in den Waschraum.

Kleidungsstücke, die repariert werden müssen, sollten zu einem Schneider oder einer chemischen Reinigung gebracht werden.

Bringen Sie Ihre Kleidungsstücke zu einem Spendenzentrum oder einem Versandzentrum, um sie loszuwerden (entweder online oder in einem Ladengeschäft).

Der Eingangsbereich, die Küche und das Wohnzimmer

Auch wenn Sie vielleicht keine typische Abstellkammer oder ein Foyer haben, so haben Sie doch einen Eingangsbereich. Die tägliche Entrümpelung eines Eingangs, egal wie bescheiden er ist, ist der beste Ansatz, um ihn praktischer zu gestalten.

Beginnen Sie mit allen vorhandenen Schreibtischen, Konsolen oder Beistelltischen in Ihrem Eingangsbereich. Nehmen Sie den Inhalt jeder Schublade heraus und entscheiden Sie schnell, ob Sie die Dinge wegwerfen oder behalten wollen. Untersuchen Sie auch die Oberseiten der Schreibtische und Konsolen. Haben Sie einen Ort, an dem Sie Ihre Schlüssel und andere Wertgegenstände aufbewahren können? Überprüfen Sie, ob alles in Ordnung ist und ob es nicht zu überfüllt ist.

Beginnen Sie mit Schuhen und Stiefeln, dann mit Mänteln und schließlich mit Accessoires im Flurschrank, so wie Sie es in jedem anderen Schrank auch tun würden.

Auch im Foyer sammelt sich eine Menge Müll aus anderen Räumen an. Verbringen Sie etwas Zeit damit, Dinge aus anderen Räumen, die ihren Weg in den Eingangsbereich gefunden haben, wegzuräumen.

Die Küche

Kochen, Essen und geselliges Beisammensein finden alle in der Küche statt, sodass es schwierig sein kann, sie frei von Unordnung zu halten. Die Küche ist meist mit einer Vielzahl von Gegenständen vollgestopft. Es ist möglich, Ihre Küche zu entrümpeln, indem Sie, wie auch im Kleiderschrank, jeden Bereich einzeln durchgehen (z. B. Schneidebretter, Glaswaren, Besteck oder Backformen).

Dieser Prozess beginnt mit einer sorgfältigen Reinigung und Bewertung jedes Ortes, um dann alles an seinen richtigen Platz zu bringen. Beginnen Sie mit Ihrer Speisekammer und den oberen Schränken, wenn es darum geht, sie zu organisieren. Arbeiten Sie sich zu den unteren Schränken, den Schubladen und dem Becken der Spüle vor.

Entfernen Sie so viele Gegenstände wie möglich von den Arbeitsflächen und lagern Sie sie ein. Bewahren Sie nur Produkte auf, die Sie täglich benutzen, und entsorgen Sie die, die Sie nicht mehr brauchen.

Zum Schluss nehmen Sie Ihren "Put Away"-Eimer und bringen Sie alle Gegenstände, die nicht in die Küche gehören, an ihren richtigen Aufbewahrungsort in der Wohnung zurück.

Das Wohnzimmer

Einer der schwierigsten Bereiche in Ihrem Haus, der regelmäßig sauber gehalten werden muss, ist das Wohnzimmer. Aus diesem Grund fehlt es den meisten Wohnzimmern an ausreichendem Stauraum. Bis auf ein paar Bücherregale und einen Fernsehständer haben Sie wenig zu verstecken. Das ist das Wichtigste:

Sorgen Sie für eine dauerhafte Aufbewahrung von Gegenständen wie Fernbedienungen, Zeitschriften und Büchern, die häufig benutzt werden.

Entrümpeln Sie diesen Bereich regelmäßig.

Beginnen Sie mit Bücherregalen, Konsolen und Beistelltischen. Danach gehen Sie zum Fernsehgerät und zum Couchtisch über. Leeren Sie sie aus, überprüfen Sie den Inhalt und stellen Sie sie wieder an ihren jeweiligen Aufbewahrungsort. Bücher sollten weggeräumt werden, Papierberge, wie z. B. Post, sollten reduziert werden, Fernbedienungen sollten an ihren richtigen Platz zurückgebracht werden, Decken sollten gefaltet werden, und so weiter.

Jetzt ist es an der Zeit, über die Elektronik zu sprechen. Entfernen Sie alles von Ihrem Fernseher oder Heimkinosystem, was nicht damit verbunden ist. Machen Sie davon Gebrauch? Ist es effektiv? Ladegeräte, Geräte und Spielgeräte sollten in der Nähe des Ortes aufbewahrt werden, an dem Sie sie benutzen.

Schließlich die Spielzeuge: Jedes Spielzeug sollte auf Verschleißerscheinungen untersucht werden. Wissen Sie, ob es noch funktionstüchtig ist? Benutzen Ihre Kinder es noch? Jedes Spielzeug muss unbedingt wiederverwendet oder an einem sicheren Ort aufbewahrt werden.

Holen Sie Ihren "Put Away"-Behälter heraus und stellen Sie alles, was in einen anderen Raum gehört, wieder dorthin, wo es hingehört.

SICH SELBST HELFEN, EINEN GELIEBTEN MENSCHEN LOSZULASSEN

Es ist nie leicht, jemanden loszulassen, der einem etwas bedeutet.

Wenn wir uns schließlich eingestehen, dass es an der Zeit ist, Abschied zu nehmen, ist es, als würden wir uns von einem wichtigen Teil von uns selbst verabschieden.

Jede lustige Erinnerung, jeder Insider-Witz und jeder Schnappschuss - sich von seinem Ehepartner zu trennen, bedeutet, alles loszulassen, was man gemeinsam erlebt hat, und das ist eine Entscheidung, die wir oft nicht treffen wollen.

Es gibt jedoch Momente, in denen man einfach in sich gehen und erkennen muss, dass es vorbei ist, dass es getan ist, und dass es Zeit ist, weiterzugehen.

Trennen Sie sich physisch und emotional
Sich von der Person, die man liebt, zu trennen, bedeutet mehr als nur eine physische Distanz zwischen euch zu legen. Die Trennung bezieht sich auf die mentale und emotionale Distanz zwischen Ihnen und dieser Person.

Wenn Sie verliebt sind, haben Sie das Gefühl, dass Ihre Energien im Einklang sind, dass Sie wirklich verstehen, was die andere Person durchmacht, und dass Sie sich besser als jeder andere in sie hineinversetzen können.

Abgrenzung ist der erste Schritt zum Loslassen. Erinnern Sie sich daran, dass dies Ihre Reise ist und die von niemandem sonst.

Betrachten Sie sich selbst als eine Person, die unabhängig von den Gefühlen Ihres jetzigen Ex-Partners ist.

Erkennen Sie Ihren Selbstwert

Dieser Ratschlag wird sich als offensichtlich und klischeehaft erscheinen. Dennoch wird er sehr nützlich sein.

Um jemanden loszulassen, der Ihnen wichtig ist, müssen Sie sich zunächst auf die wichtigste Verbindung konzentrieren, die Sie jemals haben werden: Ihre Beziehung zu sich selbst.

Eine Trennung ist für viele Menschen ein negativer Spiegel ihres Selbstwertgefühls.

Denn bei einer Trennung geht es darum, die Person zu verlieren, die man glaubte zu sein, während man mit ihr zusammen war, und nicht nur die Person, die man liebte.

Dennoch ist es schwierig, sich selbst zu lieben. Von klein auf wird uns beigebracht, dass das Vergnügen von außen kommt, wenn wir die "ideale Person" finden. Das ist ein gefährlicher Irrglaube.

Erklären Sie Ihr „Warum"

Das Vorankommen ist eine Aufgabe, die Sie sich selbst auferlegt haben, und wie bei allen Missionen brauchen Sie ein klares Ziel, das Sie motiviert, sie zu erfüllen.

Es ist schwer, jemanden loszulassen, der einem am Herzen liegt.

Wenn es um die Liebe geht, gibt es eine Million Methoden, um sich selbst zu überreden, zu dieser Person zurückzukehren und bei ihr zu bleiben, egal wie hoffnungslos oder schwierig es ist.

Daher müssen Sie Ihren Wunsch, vorwärts zu gehen, in einfache, wiederholte Begriffe fassen, wie z. B. "Ich gehe weiter, weil ich nicht glaube, dass mein Ehepartner und ich die gleichen Lebensziele haben."

Anstatt meine Zeit mit der Hoffnung auf jemanden zu vergeuden, der meine Zuneigung niemals erwidern wird, ziehe ich weiter.

Eine klare Aussage darüber, warum Sie vorankommen wollen, kann Ihnen helfen, auf Kurs zu bleiben und sich auf die Vollendung Ihrer Reise zu konzentrieren.

Konzentrieren Sie sich auf sich selbst

Wenn man von der Person, die man liebt, getrennt ist, kann man sich verloren fühlen. Sie haben den Eindruck, dass ein Stück von Ihnen selbst fehlt. Deshalb ist es wichtig, sich Zeit für sich selbst zu nehmen und sich wieder mit seinen Gefühlen und Empfindungen zu verbinden.

Auch wenn Sie nicht in der Stimmung dazu sind.

Hören Sie auf zu phantasieren

Sich von der Person, die man liebt, zu distanzieren bedeutet, sich nicht mehr mit ihr zu sehen.

Jede Art von Vorstellung, die mit dieser Person zu tun hat, muss aufhören, egal ob es sich dabei um harmlose Gedanken über Ihre mögliche gemeinsame Zukunft oder um erotische Träume handelt.

Um jemanden wirklich loszulassen, müssen Sie sich die Zeit und den Raum gönnen, seine Eigenschaften zu verlernen und nicht mehr mit ihm vertraut zu sein.

Wenn Sie die ganze Zeit an sie denken, neigen Sie dazu, das Szenario zu analysieren und sich die beiden zusammen vorzustellen.

Akzeptieren Sie Ihren Kummer
Eine andere Person zurückzulassen, egal wie einvernehmlich Ihre Trennung ist, ist immer noch schwierig. Akzeptieren Sie Ihren Schmerz, aber lassen Sie ihn nicht zu Gedanken des Bedauerns und des Selbstmitleids führen.

Versuchen Sie nicht, Ihre Gefühle zu verbergen oder so zu tun, als würden sie nicht existieren. Ihre Gefühle als das zu akzeptieren, was sie sind, unbeeinflusst von der Sichtweise Ihres Ex-Partners, ist ein wesentliches Element, um zu sich selbst zu stehen.

Welche Gefühle oder Überzeugungen Sie auch immer in Bezug auf die Beziehung oder die Umstände haben, Sie können sie jetzt zum Ausdruck bringen, ohne befürchten zu müssen, verurteilt zu werden.

Pläne machen
Um voranzukommen, müssen Sie Maßnahmen ergreifen, die Sie wirklich voranbringen.

Das bedeutet, dass Sie Zeit und Mühe für Aktivitäten und Menschen aufwenden, die Ihr Leben bereichern werden.

Pläne zu haben wird Ihre Begeisterung, Ihre Neugier und Ihr Interesse an der Welt wecken und Ihnen neue Erfahrungen bringen, die die Lücke in Ihrem Leben füllen werden.

Nutzen Sie diese Gelegenheit, um sich als Person im Allgemeinen weiterzuentwickeln, nicht nur als zukünftiger Liebhaber. Nehmen Sie eine neue Freizeitbeschäftigung auf oder treffen Sie sich mit Freunden, die Sie schon lange nicht mehr gesehen haben.

Das Ziel dieser Phase ist es, Sie so zu beschäftigen, dass Ihr Leben nicht mehr dem Ihres Partners ähnelt. Betrachten Sie es als eine Möglichkeit, ein früheres Kapitel abzuschließen und ein neues zu beginnen.

Verbinden Sie sich wieder mit Ihren Werten

Stolz darauf zu sein, wer man ist, ist ein wichtiger Schritt in Richtung Selbstständigkeit. Nach dem Ende einer Beziehung ist es schwierig, neu zu überdenken, wer man ist.

Dies ist ein guter Zeitpunkt, um über Ihre grundlegenden Werte nachzudenken. Prüfen Sie Ihre Überzeugungen und stellen Sie fest, ob Sie an ihnen festhalten oder von ihnen beeinflusst werden.

Indem Sie Ihre derzeitigen Ideale aufgeben, können Sie herausfinden, woran Sie wirklich glauben, was Sie gerne tun und wofür Sie ohne den Einfluss anderer stehen.

Eine der besten Methoden, dies zu erreichen, ist, sich einen Notizblock zu besorgen und seine Ideen und Gefühle aufzuschreiben.

Beim Schreiben kann sich Ihr Geist entspannen und die Daten in Ihren Gedanken ordnen.

Denken Sie daran, dass das Ausdrücken, Verstehen und Vertiefen Ihrer verschiedenen Gefühle ein wichtiger Aspekt ist, um über einen geliebten Menschen hinwegzukommen.

Mit einem Tagebuch können Sie Ihre Gefühle in einem geschützten Rahmen ausdrücken. Niemand wird lesen, was Sie geschrieben haben.

Sie könnten wütend oder deprimiert sein. Lassen Sie alles raus, was Sie fühlen. Gefühle sollten verarbeitet werden.

Denken Sie an die folgenden drei Fragen, wenn Sie unsicher sind, wo Sie anfangen sollen:

- Was geht in mir vor?
- Wissen Sie, was Sie da tun?
- Welche Aspekte meines Lebens möchte ich verbessern?

Wenn Sie Schwierigkeiten haben, Ihre Gefühle zu verstehen, versuchen Sie, sich diese Fragen zu stellen.

Es ist befreiend, zu erkennen, dass Sie Ihr Schicksal selbst in der Hand haben. Um die Kontrolle über Ihr Leben zu übernehmen und es in die von Ihnen gewünschte Richtung zu lenken, müssen Sie sich nicht auf andere verlassen.

Versuchen Sie, die Eigenschaften Ihres idealen Partners herauszufinden.
Um über jemanden hinwegzukommen, der Ihnen wichtig ist, müssen Sie die Beziehung untersuchen und die Vor- und Nachteile ermitteln.

Was auch immer der Grund für die Trennung war, es ist wichtig, dass Sie Ihre Lektionen verinnerlichen, um in Zukunft eine gute Beziehung zu führen.

Schöpfen Sie Ihr Potenzial voll aus? (Seien Sie ehrlich.) Stellen Sie sich den folgenden Fragen, um herauszufinden, was Sie tun müssen, um Ihr bestes Potenzial zu erreichen.

Gleichzeitig ist es auch wichtig sich die Frage zu stellen, was potenzielle gute Partner in deren Beziehung motiviert und wie sie lieben, um mehr Erfolg im Liebesleben zu haben.

Wer nach einer ernsten Beziehung sucht, ist oft nicht nur zufrieden mit Liebe und Sex, der scheinbar "idealen Beziehung", sondern sehnt sich auch danach, sich weiterhin begehrt und wichtig zu fühlen und für die geliebte Person sorgen zu können.

Frieden mit der Vergangenheit schließen

Es ist schwierig voranzukommen, wenn man von Dingen aufgehalten wird, die einen zurückhalten.

Vielleicht fühlen Sie sich schuldig, weil Sie nicht der bestmögliche Partner waren oder weil Sie sich wünschen, die Beziehung zu beenden.

Erinnern Sie sich daran, dass es trotz Ihrer Gefühle von Liebe, Sehnsucht und Glück einen Teil von Ihnen gibt, der diese Person loslassen und allein sein möchte.

Unabhängig davon, wie sehr Sie sich um sie sorgen, versteht ein stärkerer, weiserer Teil von Ihnen, dass es Zeit ist, weiterzugehen.

Betrachten Sie alles, was Sie zurückhält - Schuld, Wut, ungelöste Schwierigkeiten, ungerechte Anschuldigungen, unerwiderte Liebe - als gelöst.

Denken Sie daran, dass Sie nicht versuchen, die Beziehung zu heilen, sondern dass Sie bereit sind, allein weiterzumachen. Es ist also sinnlos, sich mit früheren Fehlern oder verpassten Chancen zu beschäftigen.

Wie war es, eine alleinstehende Person zu sein?

Es kann schwierig sein, sich eine Zukunft ohne einen anderen Menschen in Ihrem Leben vorzustellen. Deshalb ist es wichtig, die Zeit vor der Beziehung zu reflektieren, um Ihre Selbstorganisation neu zu kalibrieren.

Sie können Kraft aus dem Wissen schöpfen, dass es eine Zeit gab, in der Sie ohne die Anwesenheit eines anderen Menschen in Ihrem Leben völlig unabhängig, fröhlich und leistungsfähig waren.

Es ist einfacher, ein neues Kapitel in Ihrer Geschichte zu akzeptieren, wenn Sie die Trennung nur als ein weiteres Ereignis in Ihrem Leben betrachten.

Zeit, vorwärts zu gehen und ein neues Leben zu beginnen

Hier sind einige Fragen zur Selbsteinschätzung, die Sie berücksichtigen sollten:

Ist es besser, von Freunden und Familie umgeben zu sein oder allein?

Welche neuen Dinge kann ich tun, um mich zu verbessern und mein Leben zu bereichern?

Was für ein Mensch möchte ich jetzt sein, nachdem ich gelernt habe, was ich aus meiner vergangenen Beziehung gelernt habe?

Es ist an der Zeit, Dinge zu tun, die Ihnen wirklich helfen, vorwärts zu kommen, nachdem Sie Ihre Identität wiederhergestellt haben und Freude an dem haben, wer Sie sind.

Das kann so einfach sein wie die Wiederaufnahme von Kontakten zu alten Bekannten oder das Führen eines Notizbuchs, in dem Sie Ihre Gefühle festhalten.

Es gibt eine Reihe von Schritten, mit denen Sie beginnen können. Letztendlich geht es darum, einen Sinn im Leben zu finden.

Eine Beziehung ist nicht die einzige Möglichkeit, einen Sinn zu finden. Romantische Beziehungen geben uns ein Gefühl der Zugehörigkeit, weshalb sie für uns so wertvoll sind.

Unser Gefühl der Verwandtschaft stand nie in Frage, als wir alle Jäger und Sammler waren.

Wir waren Mitglieder eines Stammes, Bewohner der Gegend und trugen zur Ökologie bei. Das hat sich nun geändert.

Es liegt an uns, unseren Stamm zu finden. Viele Menschen leben weit weg von ihren Familien oder sind von ihnen entfremdet.

Wir treffen im Laufe unseres Lebens auf verschiedene Freundeskreise und müssen uns entscheiden, mit welchen wir wirklich verbunden sind.

Immer mehr werden nie Kinder bekommen und diejenigen, die es doch tun, werden es deutlich später im Leben tun als unsere Eltern und Großeltern.

Deshalb kann eine Verbindung uns ein Gefühl der Zugehörigkeit und Bedeutung vermitteln. Unser Begleiter ist jemand, mit dem wir um die Welt reisen können.

Eine gesunde Beziehung kann uns helfen, uns geerdet zu fühlen, und uns gleichzeitig stärken, um weiterzukommen. Andererseits kann eine Beziehung unser Gefühl von Sinn und Zugehörigkeit zerreißen.

Wir werden nicht in der Lage sein, authentisch mit der Welt zu interagieren, wenn wir in einer Beziehung leben, die uns unangemessen erscheint.

Wenn Sie einen Großteil Ihrer Energie in jemanden investieren, den Sie nicht schätzen und der Sie nicht wirklich anbetet, wirkt sich das negativ auf Ihre Fähigkeit aus, mit anderen in Kontakt zu treten.

Viktor Frankl, ein ehemaliger KZ-Häftling während des Zweiten Weltkriegs, veröffentlichte das Buch Man's Search for Meaning.

Er sprach darüber, dass selbst Menschen in den schwierigsten Situationen Anschluss und Zugehörigkeit suchen.

Menschen, die am Rande des Hungers stehen, würden ihr letztes Stück Brot aufgeben, um andere zu beruhigen. Der Sinn ist die Wurzel von allem.

"Unsere größte Freiheit ist die Fähigkeit, unsere Einstellung zu wählen.", lautet einer von Frankls berühmtesten Sätzen.

Das ist ein wichtiger Punkt, den man nach einer Trennung im Hinterkopf behalten sollte.

Abschiede sind stürmisch und schwer zu bewältigen.

Wir haben das Gefühl, dass unsere Gefühle uns überrollen und dass wir nichts tun können, um sie aufzuhalten.

Wir machen uns Sorgen, dass unser Leben nicht so sein wird, wie wir es erwartet haben. Frankl würde argumentieren, dass wir anders nach Bedeutung suchen sollten, indem wir unsere Perspektive ändern.

Erstellen Sie eine Morgen- und Abendroutine

Warum es von Vorteil ist: Es ist schwer, nach einer Trennung wieder zur Normalität zurückzukehren, deshalb ist eine Routine so wichtig.

Es macht jeden Tag interessanter, wenn Sie etwas haben, worauf Sie sich freuen können, wenn Sie aufwachen und von der Arbeit oder der Schule nach Hause kommen.

Vielleicht können Sie eine neue Hautpflegeroutine einführen oder darauf achten, dass Sie nahrhaftes Essen zu sich nehmen.

Es spielt keine Rolle, was Sie in Ihre Routine einplanen.

Ihr Ziel ist es, durch einen klaren Zeitplan für den Morgen und den Abend den dringend benötigten Anreiz zu schaffen, jeden Tag aufzuwachen und weiterzumachen.

Wie Sie dies erreichen können:
Integrieren Sie Selbstfürsorge in Ihre morgendlichen und abendlichen Routinen, um sie angenehmer zu gestalten.

Versuchen Sie innerhalb von zwei Wochen nach der Trennung, so weit wie möglich in Ihren Alltag zurückzukehren. Sobald Sie sich besser fühlen, können Sie Ihren Zeitplan flexibler gestalten.

Experimentieren Sie an Wochenenden und Wochentagen mit alternativen Tagesabläufen. An Wochentagen könnten Sie

Ihren Tag mit einem Podcast beginnen und am Wochenende könnten Sie gleich morgens mit Freunden brunchen, um sich abzulenken.

Ihren Partner loslassen: Positivität, Wachstum und Chancen in sich selbst finden

Sehen Sie es nicht so, dass Sie jemanden loslassen und ein Stück von sich selbst verlieren, sondern sehen Sie es als eine Chance, sich als Person weiterzuentwickeln.

Ihre Reise hat nicht mit dieser einen Person begonnen und wird wahrscheinlich auch nicht mit ihr enden.

Erinnern Sie sich an Ihr Potenzial, bevor Sie sich verliebt haben, und an die vielen weiteren Möglichkeiten, die sich Ihnen bieten werden, wenn Sie weiterziehen.

Grübeln

Wenn Sie wie die meisten Menschen sind, haben Sie schon einmal über ein belastendes Ereignis nachgedacht, das sich im Laufe des Tages ereignet hat. Was auch immer es war, das Ihnen auf den Magen geschlagen hat, was auch immer Sie gerne gesagt hätten, was auch immer es war, das sich in Ihrem Kopf immer und immer wieder wiederholt hat, ohne Ihnen Klarheit zu verschaffen - es ist gut möglich, dass es jemand anderes war.

Wenn diese Gedanken immer düsterer und nachdenklich werden, spricht man von Grübeln. In diesem Aufsatz soll geklärt werden, was Grübeln ist und welche negativen Folgen es haben kann. Außerdem geht es darum, wie man vermeiden kann, sich auf seine selbstzerstörerischen Überlegungen zu konzentrieren.

Was ist Grübeln?
Das Grübeln ist durch wiederkehrende, übermäßige Gedanken gekennzeichnet, die andere Arten des Denkens behindern. Dieses Denken tritt häufig bei Personen mit Krankheiten wie generalisierter Angststörung und Zwangsstörungen auf. Es ist aber auch typisch für Menschen, die kein diagnostizierbares Problem haben, und tritt von Zeit zu Zeit auf.

Grübeln ist sowohl belastend als auch häufig, da es einen schwierigen Umstand aufgreift und die Spannung und die Bedeutung des Themas in unseren Gedanken vervielfacht.

Grübeln setzt sich aus zwei Komponenten zusammen: Kontemplation und Grübeln.

Grübeln mit Nachdenken: Das Element der Reflexion kann von Vorteil sein, da das Nachdenken über ein Problem zu einer Lösung führen kann. Außerdem kann das Nachdenken über bestimmte Ereignisse dabei helfen, starke Emotionen im Zusammenhang mit dem Problem zu verarbeiten.

Generell werden Grübeln mit weniger proaktiver Aktivität und einer negativeren Stimmung in Verbindung gebracht.

Das Grübeln konzentriert sich auch auf das Gefühl der Ohnmacht, das entsteht, wenn man nicht ändern kann, was bereits geschehen ist. Wir können die Situation in der Zukunft nicht wiederherstellen und mit der idealen Erwiderung, Antwort oder Lösung antworten, wodurch wir uns hilflos und aufgewühlt fühlen.

Wenn wir schließlich sehen, wie viel Zeit und Energie wir mit dem Thema verbracht haben, könnte das zu noch mehr Ärger führen.

Co-Grübeln, bei der man ein Problem mit Freunden so lange bespricht, bis man alle Möglichkeiten ausgeschöpft hat, erhöht die Spannung für beide Parteien, wenn es nicht mehr sinnvoll ist.

Wenn Sie also im Geiste die Ereignisse wiederholen, auf die Ungerechtigkeit warten und darüber nachdenken, was Sie hätten sagen oder tun sollen, dann verstärken Sie Ihre

Angstgefühle. Wahrscheinlich spüren Sie auch einige der negativen Folgen des Wiederkäuens.

Ursachen des Grübelns

Warum also regen sich Menschen so sehr über Dinge auf? Unterschiedliche Menschen neigen aus unterschiedlichen Gründen dazu, sich über verschiedene Themen aufzuregen, und manche Menschen scheinen dafür anfälliger zu sein als andere.

Man wiederholt einen Sachverhalt, den man nicht verstehen oder akzeptieren konnte, weil man versucht, ihn zu verstehen. Manche wünschen sich die Bestätigung, dass sie richtig lagen (vor allem, wenn sie sich nicht bewusst sind, dass sie falsch lagen).

Einige Personen versuchen, das Problem zu lösen oder solche Ereignisse in Zukunft zu verhindern, können dies aber nicht. Andere wiederum wollen vielleicht gehört und bestätigt werden oder sich selbst von ihrer Schuld freisprechen können.

Eine Vielzahl von Umständen kann das Grübeln auslösen. Menschen machen gelegentlich den Fehler zu glauben, dass sie eine Situation unter Kontrolle bringen können, indem sie immer wieder über ein Ereignis nachdenken oder bestimmte Gefühle wiederholen.

Diese Form des Denkens ist etwas, das die meisten Menschen von Zeit zu Zeit tun. Vielleicht denken Sie in den Tagen vor einem stressigen Ereignis zu viel darüber nach. Sie können über alles nachdenken, was Sie gerne anders gemacht hätten, wenn eine Beziehung endet.

In den meisten Fällen verschwinden diese grübelnden Gedanken, da andere Themen in Ihrem Kopf Vorrang haben. Diese Gedanken können ein Symptom für ein psychisches Problem sein, wenn sie hartnäckig sind und sich unkontrollierbar anfühlen.

Grübeln kann ein Anzeichen für verschiedene psychische Probleme sein. Im Folgenden sind einige der Erkrankungen aufgeführt, die mit grübelnden Gedanken verbunden sind:

- Depression
- Generalisierte Angststörung (GAD)
- Zwangsneurosen (OCD)
- Phobien
- Posttraumatische Belastungsstörung (PTSD)

Die negativen Auswirkungen des Grübelns

Grübeln fängt ganz harmlos an: Ihr Verstand versucht, einer unangenehmen Situation einen Sinn zu geben und weiterzumachen. Es kann jedoch dazu führen, dass Sie sich in einem endlosen Kreislauf von Ärger und Spannungen verfangen. Wenn Sie mit langfristigen Beziehungsproblemen zu kämpfen haben, kann übermäßiges Grübeln zu chronischem Stress führen.

Es ist wichtig zu lernen, wie man das Grübeln erkennt, bevor man sich darin verstrickt, und wie man mit Problemen gesund umgeht.

Grübeln hat etwas seltsam Verlockendes an sich, und es kann leicht Ihre Aufmerksamkeit erregen, bevor Sie merken, dass Sie sich wieder Sorgen machen. Grübeln hat neben der Ablenkung Ihrer Aufmerksamkeit auch verschiedene schädliche Auswirkungen:

Stress

Mehrere erfolgreiche Achtsamkeitsbücher wie Jon Kabats "There Zinn's You Are" und Eckhart Tolles "The Power of Now" und "A New Earth, and Wherever You Go" werden als gute Hilfsmittel zum Stressabbau gepriesen.

Diese Bücher sind deshalb so hilfreich für den Stressabbau, weil sie zeigen, wie man das Grübeln, das zu einem gestressten Gemütszustand beiträgt, deutlich reduzieren kann.

Studien haben gezeigt, dass Wiederkäuen den Cortisolspiegel erhöht, was auf eine physiologische Stressreaktion hinweist.

Eine negative Einstellung zu haben.

Grübeleien haben vorhersehbar eine negative Wirkung, da sie die Menschen düsterer und unzufriedener machen. Diese negative Denkweise hat eine ganze Reihe neuer Auswirkungen.

Weniger proaktives Verhalten

Während Menschen meditieren können, um ein Problem zu verarbeiten und eine Lösung zu finden, hat die Forschung herausgefunden, dass übermäßiges Grübeln mit weniger proaktiver Aktivität, verstärktem Rückzug von Problemen und einem negativeren Gemütszustand verbunden ist. Infolgedessen kann das Grübeln zu einem negativen Abwärtszyklus führen.

Selbstsabotage

Grübeleien werden mit schädlichen Bewältigungsstrategien in Verbindung gebracht, z. B. bei Studien über Essanfälle. Selbstzerstörerische Bewältigungsstrategien können das

Stressniveau erhöhen und einen negativen und destruktiven Kreislauf aufrechterhalten.

Bluthochdruck

Es gibt auch einen Zusammenhang zwischen Meditieren und hohem Blutdruck. Grübeln kann die Stressreaktion verlängern und die schädlichen Auswirkungen von Stress auf das Herz verstärken. Aufgrund der mit Bluthochdruck verbundenen Gesundheitsrisiken ist es wichtig, Grübeln zu vermeiden und angemessene Stressbewältigungs- und -bewältigungsfähigkeiten zu entwickeln.

Überwindung der Grübelei

Wenn Sie wissen, warum Sie darüber nachdenken, können Sie zwar Bewältigungsmechanismen entwickeln, aber oft ist es wichtiger, herauszufinden, wie Sie aufhören können. Hier sind einige Vorschläge, wie Sie sich selbst auffangen und neu konzentrieren können:

Festlegen eines Zeitlimits

Es kann hilfreich sein, sich Unterstützung und Bestätigung von Freunden zu holen. Zu viel Gerede über das Fehlverhalten anderer kann jedoch eine negative und klatschsüchtige Dynamik in Ihren Beziehungen erzeugen und die Unzufriedenheit mit der Situation verstärken, anstatt nach Antworten und Lösungen zu suchen.

Seien Sie unvoreingenommen

Mehrere Therapeuten haben darauf hingewiesen, dass das, was uns wirklich an anderen stört, das widerspiegelt, was wir an uns selbst nicht akzeptieren.

Können Sie sich auf eine vergleichbare Erfahrung bei sich selbst stützen, die Ihnen hilft, die Perspektive der anderen Person und die Gründe für ihr Handeln besser zu verstehen, wenn Sie darüber nachdenken, was Sie wütend gemacht hat?

Können Sie sich mit ihnen identifizieren, auch wenn Sie nicht mit ihnen übereinstimmen? Die Meditation der liebenden Güte kann ein ausgezeichnetes Mittel zum Verzeihen und Loslassen sowie ein wirksames Gegenmittel gegen das Grübeln sein.

Grenzen schaffen

"Beim ersten Mal schämen sie sich, beim zweiten Mal schäme ich mich.", heißt es in einem Sprichwort. Es veranschaulicht auf wunderbare Weise die Verantwortung und die Notwendigkeit, Grenzen zu setzen. Bei jedem Treffen lernt man etwas Neues über sich selbst und die andere Person und kann so den weiteren Verlauf der Dinge beeinflussen.

Betrachten Sie das Geschehene unter dem Aspekt der Veränderung, nicht um der anderen Person die Schuld für Ihr Leid zu geben, sondern um Lösungen zu finden, die verhindern, dass sich so etwas wiederholt. Wo hätten Sie früher Nein sagen oder sich in Zukunft besser schützen können? Gehen Sie von einer Position der Stärke und des Verständnisses aus, anstatt beleidigt oder wütend zu sein.

Mit etwas Übung können Sie Ihre gewohnten Denkmuster ändern und dies ist ein guter Fall, in dem eine solche Veränderung Ihr Stresserleben revolutionieren könnte. Es wird nicht über Nacht geschehen, aber Sie werden aufhören, sich über Dinge aufzuregen, und infolgedessen weniger emotionale Spannungen spüren.

Verringern Sie Ihr Stressniveau, indem Sie sich auf die anstehende Aufgabe konzentrieren.

SCHLUSSFOLGERUNG

Wenn unser Leben mit Emotionen vollgestopft ist, haben wir weniger Platz für wichtige Dinge wie unsere persönliche Entwicklung und Entfaltung. Um Glück zu finden, müssen wir oft lernen, über all die oberflächlichen, selbstzerstörerischen Verhaltensweisen und Gewohnheiten hinwegzusehen, um zum Kern des Problems vorzudringen.

Beginnen Sie damit, Ihr Leben zu entrümpeln und die Dinge loszuwerden, die Sie nicht brauchen. Streichen Sie die Aktivitäten, Hobbys und Beziehungen, die Sie unglücklich machen; gehen Sie Ihre Besitztümer durch und trennen Sie sich von den unwichtigen Dingen und Menschen, die Sie auslaugen. Sagen Sie häufiger "Nein" und setzen Sie sich für Ihre Bedürfnisse ein.

Verfolgen Sie Ihr Glück und verkleinern Sie Ihre Freundesliste, indem Sie diejenigen streichen, die Ihnen mehr Kummer bereiten als sie Ihnen helfen. Seien Sie präsent und beginnen Sie, sich in der realen Welt wohl zu fühlen, frei von den ständigen Ablenkungen durch all die leeren und wertlosen Dinge, an die Sie sich geklammert haben. Wenn Sie regelmäßig Ihre emotionale Temperatur messen, können Sie beginnen, mit Ihren Gefühlen zu leben und sich mit ihnen wohlzufühlen. Wir verstopfen unser Leben (in den meisten Fällen), weil wir

Angst haben, uns unseren Gefühlen zu stellen. Hören Sie auf zu vermeiden, wer Sie sind und was Sie wirklich wollen, und beherrschen Sie die Kunst, Dinge und Menschen loszulassen, die Ihnen nicht mehr dienen.

Nur weil Sie sich weigern, loszulassen, wird die Person, die Ihnen etwas bedeutet, nicht in Ihr Leben zurückkehren. Das Festhalten verschlimmert nur Ihre geistige und körperliche Situation und hindert Sie daran, das Leben voll zu genießen. Akzeptieren Sie, dass es am besten ist, im Jetzt zu leben, und dass Ungewissheit, wenn man sie richtig betrachtet, wunderschön sein kann.

Sich dem Geschehenen zu stellen, zu erkennen, dass man es nicht ändern kann, und weiterzugehen sind die Schlüssel zum Loslassen von jemandem, den man liebt. Bessere Möglichkeiten werden sich von selbst ergeben, wenn Sie bereit sind, weiterzugehen und die Fortschritte zu schätzen, die aus der Verbindung entstanden sind. Sie werden die Kunst des Loslassens von jemandem, der Ihnen wichtig ist, beherrschen, und Sie werden bereit sein, Ihre neue Geschichte in Angriff zu nehmen.

Gehen Sie noch nicht; noch eine Bitte:
Wenn Ihnen dieses Buch gefallen hat oder Sie es nützlich
fanden, wäre ich Ihnen sehr dankbar, wenn Sie eine kurze
Rezension auf Amazon schreiben würden. Ihre Unterstützung
macht einen Unterschied, und ich lese alle Rezensionen
persönlich, damit ich Ihr Feedback bekomme und dieses
Buch noch besser machen kann.

Nochmals vielen Dank für Ihre Unterstützung!

Wenn Ihnen dieser Titel gefallen hat und Sie über andere Themen lesen möchten, die mein Leben verändert haben, schauen Sie sich bitte meine neuen Bücher auf Amazon oder meiner Website an: www.my-mindguide.com.

Lassen Sie uns auch über die sozialen Medien in Verbindung bleiben. Bitte schreiben Sie mir auf Facebook oder Instagram, und halten Sie mich auf dem Laufenden! Sie können mir Ihre Gedanken auch gerne direkt mitteilen: gassner@my-mindguide. com. Im Gegenzug sende ich Ihnen eine wunderschöne Infografik, die Sie ausschneiden und einrahmen können.

Bitte hinterlassen Sie auch eine Rezension auf Amazon, da dies mir helfen wird, ein noch breiteres Publikum zu erreichen. Vielen Dank für Ihre Zeit, Ihren Einblick und Ihren unermüdlichen Wissenshunger!

Ich möchte mich bei all meinen Kollegen, Kunden, Freunden und Familienmitgliedern bedanken, die alle dazu beigetragen haben, was ich heute bin.

Ich möchte mich auch bei Gabriel Palacios bedanken, dem König der Hypnotherapie und Schweizer Bestsellerautor, der diesem alten Fuchs neue Tricks beibrachte und mich tief in das Geheimnis der Hypnotherapie eintauchen liess. Ich habe auf dieser Reise so viel gelernt, dass ich jetzt selbst ein zertifizierter Master-Hypnose-Coach und Gesprächscoach bin!

Außerdem möchte ich mich bei den fantastischen Lehrern von SAMYANA/Bali bedanken, die mich zu einem zertifizierten Yoga- und Meditationslehrer ausgebildet haben.

Last but not least gilt mein besonderer Dank meinem Meisterlehrer Eckhard Wunderle, der für mich fast ein Heiliger ist. Er hat mich in die Welt der Meditation eingeführt und mich all die Wunder, die sie zu bieten hat, entdecken lassen. Ich könnte nicht stolzer sein, dass ich meine Zertifizierung als Meditationslehrer direkt von ihm am Institut für Spirituelle Psychologie erhalten habe.

Frieden, Liebe und Glück für Sie alle - bis zum nächsten Mal!

Authors portrait

Kurt Friedrich Gassner hat im Laufe seines Lebens viele Rollen gespielt. Unter anderem war er Serienunternehmer, Kreativdirektor, Meditationslehrer, lizenzierter Hypnosetherapeut und seit kurzem auch Autor für Selbstverbesserung. Durch die Nutzung seines Erfahrungsschatzes und seiner fundierten Kenntnisse der Psychologie gibt er seinen Lesern die Werkzeuge an die Hand, die sie benötigen, um ihr unendliches Potenzial zu entfalten.

Als produktiver Selbsthilfe-Autor hat Kurt die folgenden Bücher verfasst: *Die Kunst des Vergebens, Lügen oder Sterben, Soul-Match, Kann man einen vergifteten Verstand erben? und Die Macht der Armut.* Er ist auch Autor eines Kinderbuch-Bestsellers im deutschsprachigen Raum und hat über 20 Bücher in Arbeit.

Wenn es um dauerhaften Erfolg geht, weiß Kurt, dass finanzieller Wohlstand nicht der einzige Aspekt ist, nach dem man streben sollte. Er mag ein Selfmade-Millionär sein, aber was sein Leben wirklich verändert hat, ist die Beherrschung seines Unterbewusstseins. Beharrlichkeit, persönliche Stärke, Selbsterkenntnis und das Lernen aus vergangenen Fehlern waren die wichtigsten Zutaten, um seine Träume zu verwirklichen. Er bemüht sich, diese Weisheit durch sein Schreiben an andere weiterzugeben.

In seiner Freizeit reist Kurt Friedrich Gassner entweder um den Globus, geht golfen, radelt in den Alpen, wandert oder verbringt Zeit mit seinen Lieben. Seit 37 Jahren ist er glücklich verheiratet und Vater von zwei erfolgreichen Kindern. Zurzeit wohnt er in München, Deutschland, und Kirchberg, Österreich.

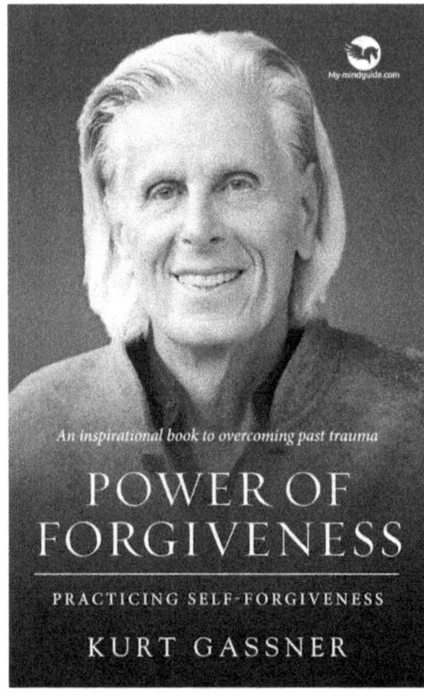
My-mindguide.com
An inspirational book to overcoming past trauma
POWER OF FORGIVENESS
PRACTICING SELF-FORGIVENESS
KURT GASSNER

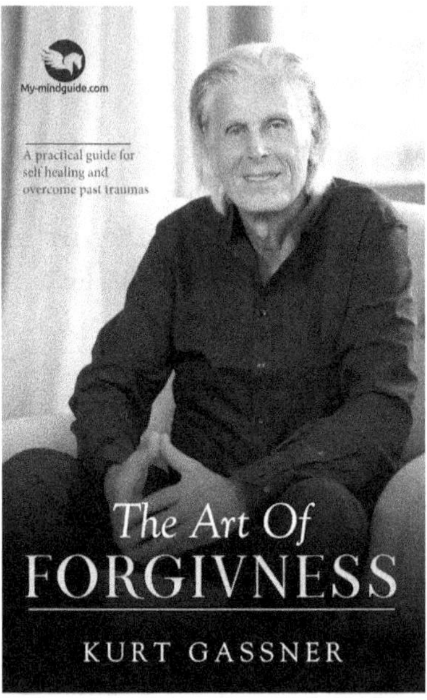
My-mindguide.com
A practical guide for self healing and overcome past traumas
The Art Of FORGIVNESS
KURT GASSNER

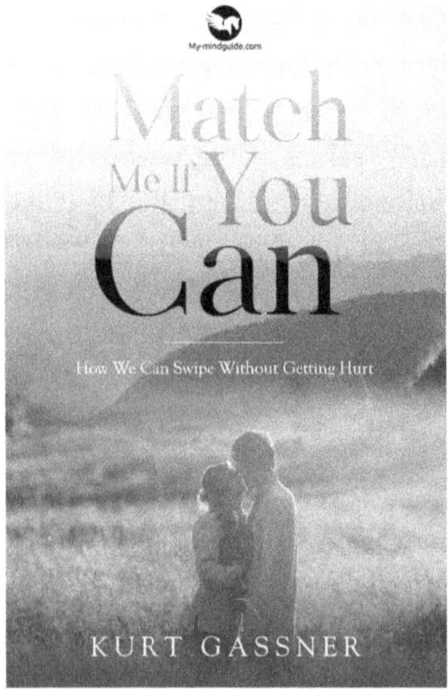
My-mindguide.com
Match Me If You Can
How We Can Swipe Without Getting Hurt
KURT GASSNER

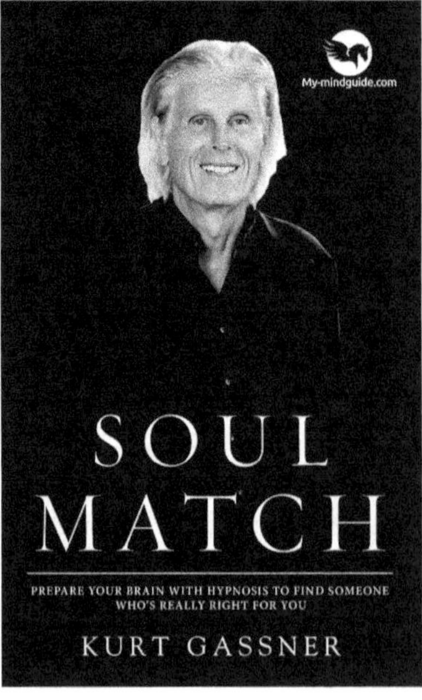
My-mindguide.com
SOUL MATCH
PREPARE YOUR BRAIN WITH HYPNOSIS TO FIND SOMEONE WHO'S REALLY RIGHT FOR YOU
KURT GASSNER

WEITERE BÜCHER DES AUTORS

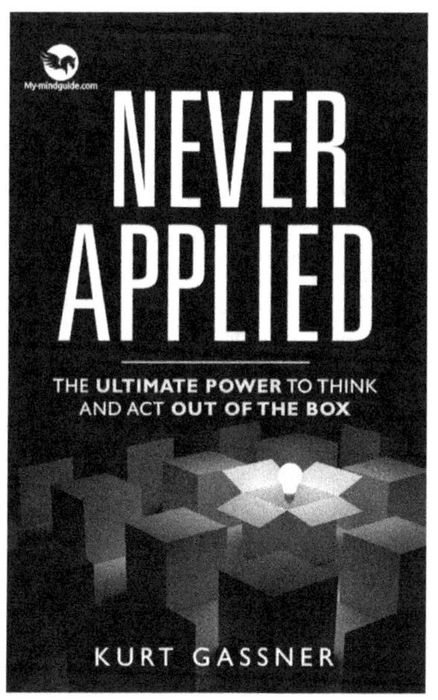

My-mindguide.com
NEVER
APPLIED
THE ULTIMATE POWER TO THINK
AND ACT OUT OF THE BOX
KURT GASSNER

My-mindguide.com
NIEMALS
BEWORBEN
DER ULTIMATIVE SCHLÜSSEL ZU
UNKONVENTIONELLEM DENKEN
KURT GASSNER

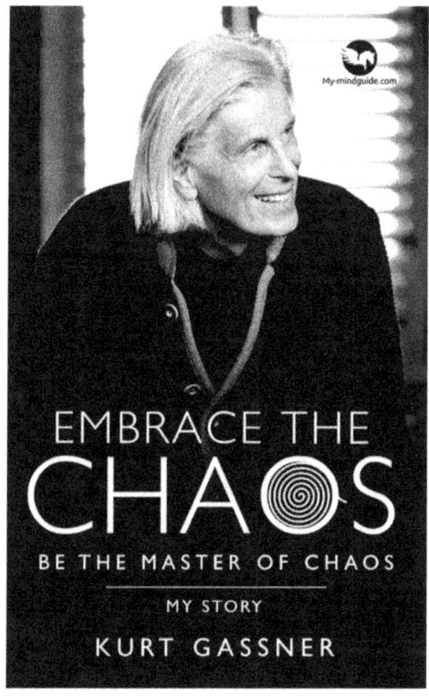

My-mindguide.com
EMBRACE THE
CHAOS
BE THE MASTER OF CHAOS
MY STORY
KURT GASSNER

My-mindguide.com
DAS
CHAOS
BEHERRSCHEN
WERDE MEISTER DES CHAOS
MEINE GESCHICHTE
KURT GASSNER

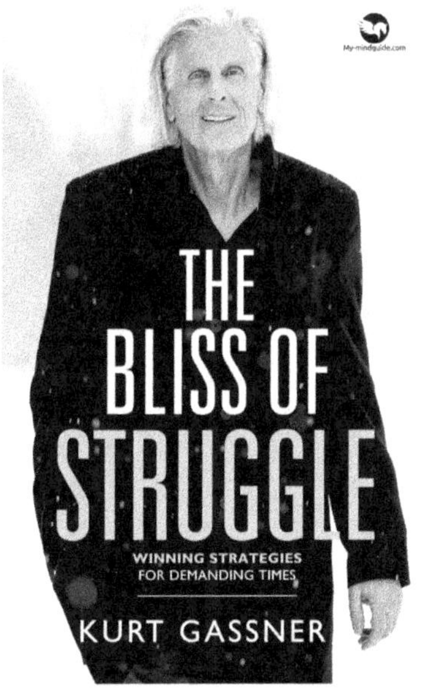

THE
BLISS OF
STRUGGLE
WINNING STRATEGIES
FOR DEMANDING TIMES
KURT GASSNER

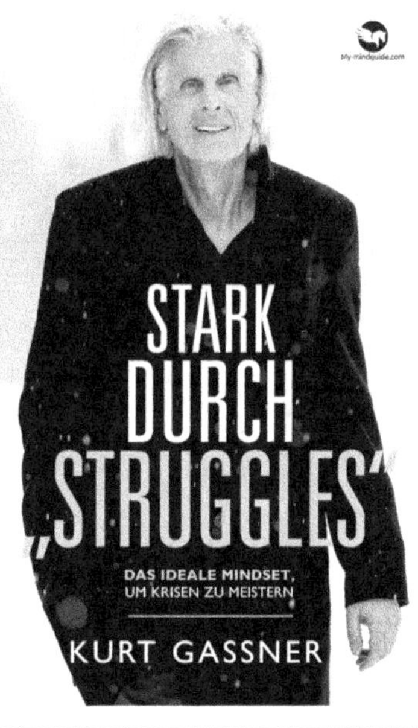

STARK
DURCH
„STRUGGLES"
DAS IDEALE MINDSET,
UM KRISEN ZU MEISTERN
KURT GASSNER

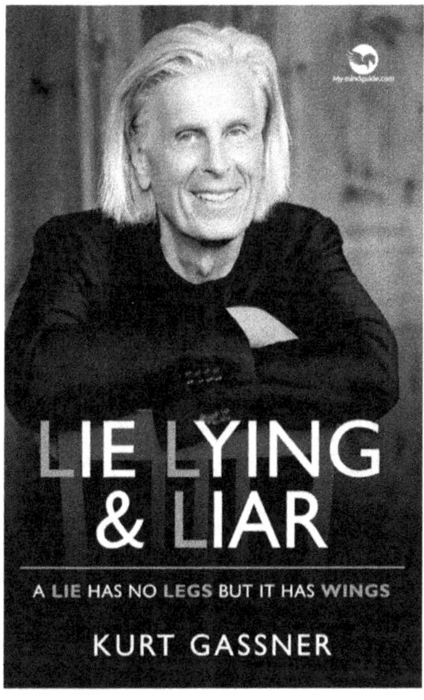

LIE LYING
& LIAR
A LIE HAS NO LEGS BUT IT HAS WINGS
KURT GASSNER

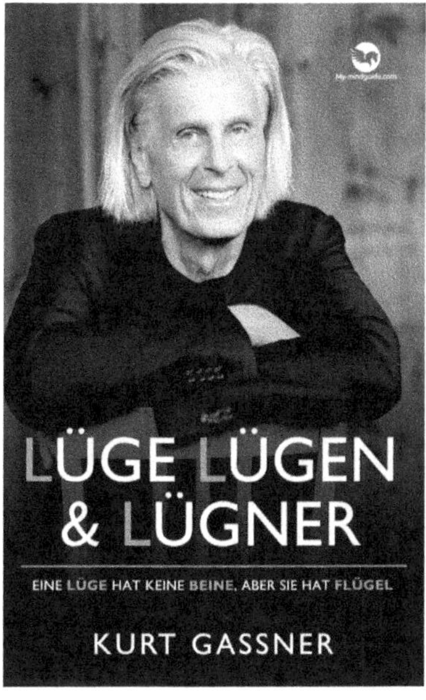

LÜGE LÜGEN
& LÜGNER
EINE LÜGE HAT KEINE BEINE, ABER SIE HAT FLÜGEL
KURT GASSNER

WEITERE BÜCHER DES AUTORS

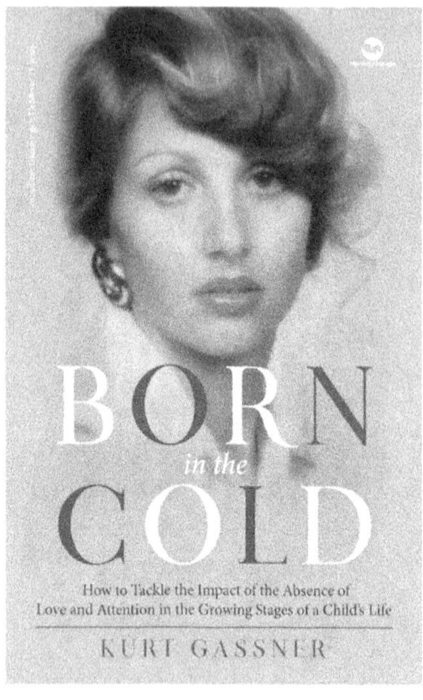

BESTSELLING AUTHOR OF
The Art Of
FORGIVNESS
AMAZON #1 BESTSELLER
My-mindguide.com
A practical guide for self healing and overcome past traumas
The Art Of
FORGIVNESS
KURT GASSNER
The Art Of
FORGIVNESS
KURT GASSNER

See me also on Wikipedia

https://en.wikipedia.org/wiki/Kurt_Gassner

www.ingramcontent.com/pod-product-compliance
Lightning Source LLC
LaVergne TN
LVHW020733200726
843506LV00009B/729